Arglwyddes Llanofer

Gwenynen Gwent

Rachel Ley

Gwasg Gwynedd

Argraffiad Cyntaf — Gorffennaf 2001

ISBN 0 86074 174 5

Cyhoeddwyd ac Argraffwyd
gan Wasg Gwynedd, Caernarfon

I

DAD A MAM

AC ER COF AM GU

Cynnwys

Rhagair

Ymddiddoraf yn fawr yng nghyfraniad gwragedd i faes cerddoriaeth Cymru, ac wedi cael blas ar ysgrifennu traethawd gradd ar fywyd Adelina Patti (1843–1919) dewisais wraig arall yn destun i fy astudiaeth MA. Gan fy mod yn delynores ac yn frodor o Dde Cymru penderfynais ymchwilio i fywyd Augusta Hall, Arglwyddes Llanofer (1802–1896), a gofir yn arbennig am ei chefnogaeth i draddodiad y delyn deires. Bwriad y gyfrol hon, sy'n seiliedig ar yr astudiaeth, yw croniclo ei gweithgarwch ym myd y delyn deires ac ym maes cerddoriaeth Cymru yn gyffredinol.

RACHEL LEY

Diolch

Hoffwn ddiolch i'r canlynol:

Fy rhieni a Miriam; Wyn Thomas, Bangor; Ann Griffiths ac E. Lloyd Davies, Tre'r-gaer; Daniel Huws, Aberystwyth; Ysgol Cerddoriaeth Prifysgol Cymru, Bangor; Ymddiriedolwyr y 'Swansea Trust Fund'; Frank Olding ac Amgueddfa'r Fenni; Amgueddfa Werin Cymru, Sain Ffagan; Llyfrgell Genedlaethol Cymru; Llyfrgell Abertawe; Llyfrgell Sir Caerdydd; Llyfrgell Casnewydd; Swyddfa Gofnodion Gwent; Dr Claude Evans.

Dymunir cydnabod yn ddiolchgar y sefydliadau a'r unigolion canlynol am ganiatâd i atgynhyrchu ffotograffau o'u casgliad ar y tudalennau a nodir:

Llyfrgell Genedlaethol Cymru 17, 22, 86 (isaf), 96, 98, 99, 100, 101.
Amgueddfa Werin Cymru 37, 39, 51, 59, 91, 111, 113, 116, 118.
Ann Griffiths 25, 49.
Daniel Huws 82, 86 (uchaf).
Warden ac Ymddiriedolwyr Coleg Llanymddyfri 12.
Gwasanaeth Llyfrgell a Gwybodaeth Sir Caerdydd 19.
The Illustrated News Picture Library 31.
Swyddfa Gofnodion Gwent 41.
Guto Puw a Bryn Jones 75 (uchaf).
Robin Huw Bowen 75 (isaf).
Adlais 94.
Amgueddfa'r Fenni 108.

Augusta Hall
1802–1896

1

Augusta Hall, Arglwyddes Llanofer

Ni fagwyd pendefiges – mor enwog
Am rinwedd ei hanes;
A dymuniad ei monwes
O du ei gwlad, a'i gwiw les.

Cadwgan

Yn dair blwydd a deng mis oed gofynnodd Augusta Waddington am ganiatâd i gael tyllau yn ei chlustiau. Dywedodd ei mam[1] wrthi y byddai rhaid iddi gael yr ail dwll hyd yn oed pe bai'r cyntaf yn ei hanafu'n fawr. Cytuno wnaeth Augusta ac eistedd yno heb symud na llefain, er iddi brofi poen y tro cyntaf:

> so strict a sense of the value of a promise had that child of 3 years and 10 months old, that though she looked very sorrowful, she spoke not a word, but sat as still as before. I did not even touch her hands. The poor little thing sat squeezing them together lest she should put them to her head.[2]

Roedd y digwyddiad hwn yn arwydd pendant o'r modd y byddai'r ferch fach yn datblygu'n Arglwyddes benderfynol a roddai bwys mawr ar gadw addewid, ac a fynnai gael yr hyn a ddymunai. Roedd i dyfu'n wraig na fyddai'n cyfaddawdu ac a safai'n gadarn o blaid achos. Gwelir y nodweddion hyn yn y portread canlynol ohoni:

> The very warnings I had received were enough to annihilate self-confidence. I was not to believe anything Lady Llanover said about different members of her family, for she was always guided by her own prejudices and sympathies. I was not to be guided by her opinion on any subject, yet was never to

> contradict her… There is a great deal to admire in Lady Llanover: her pertinacity in what she thinks right, whether she is right or not: her insistence on carrying out her sovereign will in all things…[3]

Pe na byddai'r rhinweddau hyn wedi'u datblygu yn ei chymeriad, byddai hanes sawl maes, sawl sefydliad ac unigolion ledled Cymru wedi bod yn dra gwahanol.

Ymwybyddiaeth a phenderfyniad a drodd Augusta Hall yn Arglwyddes Gymreig a Chymraeg, oherwydd i deulu Seisnig y ganwyd hi yn Nhŷ Uchaf, Llanofer ar Fawrth 21, 1802. Teulu bonheddig oedd y teulu Waddington, ac o'i dyddiau cynnar daeth y ferch ieuengaf i arfer â chymdeithasu o fewn i gylchoedd y dosbarth uwch, a hyd yn oed ymhlith y teulu brenhinol. Er i Augusta deithio'n eang carai Lanofer a'r ardal gyfagos brydferth yn fwy nag unman. Dylanwad mawr arni fu ei mam, Georgina Waddington a fagodd ei thair merch, Augusta (1802-1896), Frances (1791-1876) ac Emilia (1794-1819) yn null bonedd y ddeunawfed ganrif gynnar. Pwysleisiwyd yr angen am ymarweddiad da ac am addysg safonol a derbyniodd y merched wersi Groeg, Lladin, Sbaeneg, Eidaleg, economeg, celf, hanes, cadw tŷ, cerddoriaeth a dawnsio clasurol. Dylanwad addysgiadol arall arnynt oedd ymweliadau'r teulu â dinasoedd a gwledydd eraill. Pan oedd Augusta yn saith mlwydd oed bu'r teulu'n rhan o gylch bonheddig a chymdeithas ddeallus Caeredin ac yn ystod ymweliad â'r Eidal ym 1816 buont yn troi ymysg y cymdeithasau Seisnig, Eidalaidd ac Almaenig gorau.

Cofir Augusta Hall yn bennaf, fodd bynnag, am ei Chymreigrwydd ac er y dylanwadau Seisnig a thramor ar ei bywyd roedd ei diddordeb ysol yn iaith a diwylliant ei gwlad enedigol yn amlwg o'i phlentyndod. Prawf o hyn yw'r enwau Cymraeg a roddodd ar ei theulu o eifr, sef 'Pert Pert', 'Neidwr' a 'Llygad Glas'. Pan dyfodd yn wraig, roedd popeth yn Gymraeg:

> Her great idea is Wales – that she lives in Wales (which many doubt), and that the people must be kept Welsh, and she has Welsh schools, Welsh services, a Welsh harper, always talks Welsh to her servants, and wears a Welsh costume at church.[4]

Bu amgylchfyd Augusta Hall yn ddylanwadol arni hefyd am mai Cymraeg eu hiaith oedd tenantiaid ystâd Llanofer, a Chymraeg oedd iaith cyfran helaeth o boblogaeth Sir Fynwy yr adeg honno.[5] Dywedir iddi ddysgu Cymraeg wrth wrando ar drigolion bythynnod yr ystâd yn sgwrsio, ac mae'n debyg i ofid un o weision y plas ynghylch Seisnigrwydd cynyddol yr ardal effeithio arni. Ni ellir dweud i sicrwydd faint o Gymraeg a siaradai 'Gwenynen Gwent'. Mae'n debyg iddi allu cyfathrebu ar lefel elfennol, ond ceir yr argraff na fu hi erioed yn rhugl:

> It does not appear that Lady Llanover was a very fluent speaker in the Welsh tongue, but her love for the language was unmistakeable... But what Welsh she knew she used on every opportunity that presented itself...[6]

Ychwanegodd yr ysgolhaig a'r hynafiaethydd y Parchedig Thomas Price, 'Carnhuanawc' (1787-1848),[7] at ddiddordeb Augusta Hall yn yr iaith Gymraeg a cherddoriaeth, ond y prif ddylanwad arni'n ddi-os oedd yr Arglwyddes Elizabeth Coffin Greenly (1771-1839)[8] o Lys Titley, Swydd Henffordd, un o noddwyr Iolo Morganwg. Cyfeilles ydoedd hi i fam Augusta, a threuliodd gryn lawer o amser yn Llanofer. Roedd hi'n rhugl yn y Gymraeg ac yn un o aelodau cynharaf Cymdeithas Cymreigyddion y Fenni. Arferai gystadlu a chynnig gwobrau yn ei heisteddfodau a chynigiodd y wobr a ddyfarnwyd i Maria Jane Williams (1795-1873) yng nghylchwyl y Fenni ym 1837 am ei chasgliad o alawon gwerin. Yn yr un eisteddfod, cyhoeddodd Carnhuanawc y byddai'r gymdeithas yn cyflwyno medal i Elizabeth Greenly oherwydd ei gwaith er budd cerddoriaeth Gymreig. Cofnodir argraff o allu cerddorol yr Arglwyddes Greenly gan Frances Bunsen, chwaer Augusta Hall:

> Great was my enjoyment of Miss Greenly's singing! – her voice was not of superior quality in my recollection, but her taste was refined, & she had an admirable collection of the songs within her compass, written out by her own neat hand, & which always accompanied her when she made her welcome visits at Llanover.[9]

O dan ddylanwad unigolion fel hyn daeth Augusta Hall yn un o ffigyrau pwysicaf mudiad Cymreig y bedwaredd ganrif ar bymtheg. Dyma ganrif dadeni llenyddol Cymru, ac er nad oedd hi'n ysgolhaig, bu ei dylanwad a'i chefnogaeth ariannol yn allweddol bwysig i nifer o fentrau. Pwysicach fyth oedd ei chyfraniad fel uchelwraig mewn cyfnod a welodd y dosbarth hwnnw yn ymddiddori fwyfwy yn atyniadau Lloegr.

Annhebyg i Augusta Hall, o ran natur a gwedd, oedd ei gŵr, Benjamin (1802-1867).[10] Roedd hi'n fyr o ran taldra ac yn wraig benderfynol, llawn bywyd, tra oedd ef yn dal, yn swil ac yn hawddgar. Priododd Augusta â Benjamin Hall ym 1823, yn Eglwys Llanofer, wedi i deuluoedd Llanofer ac Aber-carn fod yn gyfeillgar am rai blynyddoedd. Diwydianwyr craff oedd ei deulu, ac roedd ei dad, Benjamin Hall yr ail, yn berchen ar waith haearn Rhymni a gweithfeydd glo a haearn Aber-carn, a chyfran o waith Cyfarthfa am gyfnod. Pan briododd y pâr ifanc unwyd ystadau Aber-carn a Llanofer. Rhannai Benjamin ddiddordeb ei wraig yn niwylliant Cymru; roedd yn hoff iawn o Lanofer a deuai yn ôl o Lundain bob cyfle a gâi. Yn y ddinas honno y treuliodd lawer o'i amser, yn rhinwedd ei swydd fel Aelod Seneddol dros gyfnod o ddeng mlynedd ar hugain. Wedi rhentu tai yno prynasant dŷ yn Stanhope Street, ger Hyde Park lle diddanwyd gwesteion o gylch bonheddig Llundain.

Cynrychiolodd Benjamin Fwrdeistrefi Sir Fynwy o 1831 hyd at 1837, pan etholwyd ef yn aelod dros Marylebone. Yn wahanol i'r rhan fwyaf o'i gyd-weithwyr roedd yn ddiduedd ac nid ofnai leisio barn yn erbyn y mwyafrif. Mewn cylchoedd gwleidyddol ystyrid ef yn seneddwr cadarn ei argyhoeddiad. Nodwedd amlwg yng ngyrfa Benjamin Hall fel Aelod Seneddol oedd ei gydymdeimlad â'r werin, a brwydrodd dros hawliau'r unigolyn a'r gweithiwr cyffredin am flynyddoedd. Ymweliad ag annedd Robert Owen (1771-1858) yn Lanark, yr Alban, pan oedd yn bedair ar bymtheg oed a ddylanwadodd ar ei ymwneud â thlodion ei etholaethau a'i denantiaid.[11] Gwelodd Benjamin Hall fod gweithwyr Robert Owen yn mwynhau dysgu a gweithio, a hyn am iddynt dderbyn anogaeth a phrofi ymddiriedaeth a thegwch.

Etholwyd Benjamin Hall yn Gadeirydd y Bwrdd Iechyd ym 1854 a daeth ei ddoniau fel gweinyddwr i'r amlwg wrth i glefyd y colera ledu yn Llundain. Aeth i'r ardaloedd tlotaf er mwyn cyfarwyddo'r cynlluniau ac i wrando ar gwynion y

Benjamin Hall

bobl. Cyflwynodd ei syniadau a'i gynlluniau, ac ym 1855 cafwyd deddf i wella cynllun rheoli'r ddinas, sef newid chwyldroadol yn natblygiad Llundain. Bu Benjamin Hall hefyd yn gymeriad allweddol wrth i'r Senedd ymdrechu i wella Deddf Iechyd y Cyhoedd yn y pedwardegau hwyr, ac roedd yn gyfrifol am wella safon parciau a heolydd y ddinas. Ceir prawf pellach o'i ymrwymiad i'r werin yn ei ymdrech i ddarparu diddanwch ar gyfer y gweithwyr trwy gyflwyno bandiau i'r parciau cyhoeddus ar y Sul. Ym 1855 fe'i dyrchafwyd yn Gomisiynwr y Bwrdd Gwaith ac enwyd cloch newydd San Steffan, a grewyd yn ystod ei gyfnod yn y swydd, yn 'Big Ben', er anrhydedd iddo. Y prif anrhydeddau eraill a dderbyniodd oedd ei urddo'n farwnig ym 1838 ac yn Arglwydd Llanofer o Lanofer ac Aber-carn ym 1859. Ym 1861 daeth yn Arglwydd Raglaw Sir Fynwy.

Fel ei wraig, roedd Benjamin wedi derbyn addysg dda ac yn Brotestant selog. Ymddengys ei fod ef, fodd bynnag, yn fwy goddefgar o'r grefydd Babyddol nag Augusta Hall, ond eto bu'n barod i feirniadu'r Eglwys Anglicanaidd. Codwyd capel ganddo at ddefnydd y Cymry Cymraeg yn Aber-carn ym 1854 ond ym 1862, pan benderfynodd y rheithor y dylai'r addoldy hwnnw gynnig gwasanaethau trwy gyfrwng y Saesneg, darganfu'r Halliaid na chysegrwyd yr adeilad a throesant ef yn adeilad i'r Eglwys Fethodistaidd. Cynhelid gwasanaethau Cymraeg yn Nhŷ Uchaf hefyd:

> It is in the kitchen of the 'Upper House' that Lady Llanover's Welsh chaplain performs service on Sundays, for to the church she and her people will not go, as the clergyman is – undesirable...[12]

Ceisiodd Augusta Hall sicrhau mai Protestaniaid a gyflogid ar ei hystâd, a chefnogodd y ffydd honno ar hyd ei hoes. Eironi pur oedd i'w merch, Augusta Herbert arddel y gred Babyddol pan briododd ym 1846. Law yn llaw â'i syniadau crefyddol yr oedd ei theimladau ynghylch alcohol: prynwyd tafarndai lleol ganddi a'u troi'n westai dirwestol.

Daeth Llys Llanofer yn ganolfan i fenter arall pan drowyd cartref yr Halliaid yn debyg i un o hen gartrefi'r uchelwyr. Daethpwyd â gweision o Orllewin Cymru i weithio yno, gan greu Llys Cymreig ym mherfeddion Sir Fynwy:

> He and Augusta had long planned to build a large house which would be a centre of Welsh culture, in which they could also maintain a household harpist, to assist in reviving the love of the triple harp which was the true national instrument of Wales, and to resuscitate the old Welsh songs and dances which had fallen into desuetude under the withering influence of the Commonwealth, and the growing Nonconformist movement.[13]

Adeiladwyd y Plasty Tuduraidd ei olwg rhwng 1828 a 1838, ger Tŷ Uchaf, lle bu Augusta a Benjamin yn byw am rai

Llys Llanofer

blynyddoedd. I'r llys hwn y croesawyd ysgolheigion a Chymry diwylliedig y dydd a fynnai astudio'r hynafiaethau a gedwid yno, megis llawysgrifau Iolo Morganwg. Ymwelwyr cyson â'r plasty oedd aelodau cylch Llanofer, unigolion fel Thomas Price, 'Carnhuanawc', Maria Jane Williams a'r Arglwyddes Charlotte Guest (1812-1895).[14] Ymddiddorai Charlotte Guest yn iaith a llenyddiaeth Cymru a chyfieithodd chwedlau'r Mabinogion i'r Saesneg. Ymdebygai i Augusta Hall am mai Saesnes foneddigaidd ydoedd ac yn ymddiddori yn niwylliant ei gwlad. Wedi i Charlotte Guest ailbriodi collodd ddiddordeb yn y diwylliant Cymreig, yr iaith a'i llenyddiaeth, ac ni fedrodd 'Gwenynen Gwent' fyth ddygymod â hyn.

Ceid enwau tramorwyr hefyd ymysg aelodau cylch Llanofer, gan gynnwys rhai a ddaeth yn gyfeillion i Arglwyddes Llanofer trwy gyswllt â'i chwaer, yr Arglwyddes Frances Bunsen. Treuliodd honno gyfran helaeth o'i hoes ymhlith cylchoedd bonheddig a diwylliedig y cyfandir. Gwahoddwyd Llydawyr, megis Alexis Francois Rio (1797-1874) i Lanofer yn ystod cylchwyliau Cymreigyddion y Fenni. Llenor Llydewig ydoedd a ymddiddorai yn y diwylliant Cymreig ac a oedd yn un o aelodau cynharaf Cymdeithas Cymreigyddion y Fenni. Trwyddo ef y ceisiwyd cryfhau'r cysylltiad rhwng Cymru a Llydaw. Dyma un enghraifft o'r modd y defnyddiai'r Arglwyddes ei dylanwad i gyfoethogi bywyd diwylliannol Cymru'r cyfnod.

Ni ellir amgyffred holl effaith dylanwad Augusta Hall ar Gymru'r bedwaredd ganrif ar bymtheg, ond safodd yn rheng weithredol y dadeni gan ddarparu'r nawdd a'r gefnogaeth yr oedd ar y diwylliant gymaint eu hangen. Cefnogodd eisteddfodau, unigolion ac ymgyrchoedd unigol ag argyhoeddiad. Roedd hi'n flaenllaw yng nghylch Cymdeithas Cymreigyddion y Fenni, gan noddi nifer fawr o wobrau ei chylchwyliau a dylanwadu ar fonedd y fro i gyflwyno gwobrau ac i gefnogi'r eisteddfodau. Cefnogodd yr Eisteddfod Genedlaethol hefyd hyd nes iddi droi'n Seisnig ei naws. Cefnogodd Augusta D. Silvan Evans (1818-1903) yn ariannol wrth iddo baratoi ei *Eiriadur Cymraeg* a gyhoeddwyd mewn rhannau rhwng 1887 a 1906. Roedd y cynllun yn un uchelgeisiol, ond gwaetha'r modd bu farw'r awdur cyn iddo orffen y gwaith. Noddwyd y 'Welsh Manuscripts Society', a sefydlwyd gan chwe aelod o Gymdeithas Cymreigyddion y Fenni, ganddi. Ymhlith y llawysgrifau a gyhoeddwyd ganddynt oedd *Liber Landavensis* (1840). Cychwynnwyd cylchgrawn o'r enw *Y Gymraes* gan Ieuan Gwynedd (1820-1852) ac Augusta Hall er budd gwragedd Cymru, a thanysgrifiodd Augusta a'i gŵr i lyfrau yn ymwneud â Chymru a gyhoeddwyd yng Nghymru.

Bu'n brwydro i Gymreigio Coleg Diwinyddol Llanbedr Pont Steffan, a bu'n chwarae rhan allweddol yn sefydlu Coleg Cymreig yn Llanymddyfri ym 1847, gan ddarparu'r tir ar ei gyfer. O dan oruchwyliaeth Benjamin ac Augusta Hall ysgol Gymraeg ei chyfrwng fu Ysgol Llanofer ac Ysgol Aber-carn am flynyddoedd, lle cafwyd addysg o safon uchel, a lle cynigid gwobrau i'r plant am eu gallu i feistroli'r iaith. Roedd addysg Gymraeg yn eithriad yn ystod y cyfnod hwn, ac er gwaethaf dylanwad adroddiadau beirniadol y Llyfrau Gleision, yr oeddynt yn llwyddiannus, a danfonid plant o ddalgylch eang i'r ysgolion hyn.

Rhoddid gwobrau yn yr ysgolion hynny am y gwisgoedd Cymreig gorau, y wisg y bu 'Gwenynen Gwent' ei hun yn gyfrifol am ei chynllunio a'i 'chreu'. Credai fod gwisgoedd cenedlaethol yn ychwanegu at ddelwedd annibyniaeth gwlad, ac aeth ati i greu darluniau manwl o ddeuddeg gwisg o bob rhan o Gymru a gyhoeddwyd gyda'i thraethawd arobryn yn Eisteddfod Caerdydd, 1834. O blith y darluniau ffurfiwyd y wisg goch 'genedlaethol' arferol. 'Gwenynen Gwent' oedd ei ffugenw wrth gystadlu yn yr Eisteddfod honno, a daeth hwn yn enw barddol arni am weddill ei hoes. Mewn byr amser daeth Augusta Hall, yn sgil ei hymdrechion diwyd, i lawn haeddu'r enw 'gwenynen'.

Mynnai fod ei morynion yn gweini yn eu gwisg Gymreig, a phan ddeuai ymwelwyr i aros yn Llanofer adeg Eisteddfodau'r Fenni, gwnâi ei gorau i hybu'r ddelwedd a grewyd ganddi, trwy orfodaeth:

> ...all the ladies were furious but were putting on the Welsh dress etc. which Lady Hall had sent to each of them. So Carry

and I took off our pretty dresses and put on the frights. The hat was much too large for me and was so heavy it did nothing but come down half over my nose, and the linstey so hot, I never was more uncomfortable, and vowed I would never wear such horrible things again to please any Lady Hall, nor did I, and all the ladies agreed with me and we returned our linsteys and hats etc. to her Ladyship that same evening and made her very angry.'[15]

Darlun o wisg Gymreig gan Augusta Hall

Er hyn ni fynnai 'Gwenynen Gwent' i eraill ufuddhau i'w gorchmynion heb iddi hi ei hun osod esiampl iddynt:

Lady Llanover on Sundays is even more Welsh than on weekdays. She wears a regular man's tall hat and short petticoats like her people... and very touching the earnestness of the whole congregation in their national costume...[16]

Fel y mwyafrif o Gymry'r cyfnod, roedd Augusta'n deyrngar iawn i goron Lloegr, ac ymhyfrydai yn nigwyddiadau bywyd Edward VII Tywysog Cymru. Roedd yr Halliaid yn hapus iawn pan glywyd y newyddion fod Edward wedi dyweddïo ym 1862, a danfonwyd gemau a addurnwyd ag arwyddluniau Cymreig at Alexandra, ei ddyweddi. Roedd Augusta eisoes wedi cyflwyno telyn yn anrheg i Dywysog Cymru ym 1843. Er ei bod yn talu gwrogaeth i'r teulu brenhinol, gwneud hynny trwy gyflwyno anrhegion 'Cymreig' a wnâi, ac ni fychanai draddodiad ei gwlad.

Arwydd o'i chefnogaeth i'r diwylliant Seisnig oedd iddi gynnal perfformiadau theatrig, sef dramâu ysgafn, yn Theatr Llanofer. Yma gwelir tebygrwydd rhyngddi ac Adelina Patti (1843-1919), pendefiges a ymgartrefodd yng Nghraig-y-Nos ym mhen uchaf Cwm Tawe ac a fu'n cydoesi ag Augusta Hall. Cantores opera Eidalaidd ydoedd a ddylanwadodd, fel yr Arglwyddes, ar yr ardal gyfagos drwy iddi fagu perthynas â'r bobl leol. Roedd y ddwy'n gymeriadau cryfion, lliwgar, ac yn wragedd cerddgar fu'n cynnal perfformiadau cyhoeddus yn eu cartrefi. Ni wyddys ryw lawer am ddoniau cerddorol yr Arglwyddes, ond gwyddys ei bod yn gallu canu'r delyn a'r piano ac iddi nodi alawon gwerin o'r traddodiad llafar.[17]

Roedd ganddi rywfaint o ddawn lenyddol, fodd bynnag, a hynny trwy gyfrwng yr iaith Saesneg. Cyhoeddwyd *Life and Correspondence of Mrs. Delany*[18] ganddi ym 1862, mewn tair cyfrol. Roedd Augusta Hall yn or-nith i Mrs. Delaney, boneddiges alluog a fagodd Mrs. Waddington, mam yr Arglwyddes. Cynnwys *Good Cookery*[19] yw can resait teulu a draddodir gan feudwy cell St. Gofer, ynghyd â sylwadau ar y gorffennol a'r dyfodol. Dyma'r bendefiges felly'n troedio'r un tir â gwragedd bonheddig llengar eraill y cyfnod, megis y chwiorydd Brontë a Jane Austen. Roedd gan Augusta hefyd ddawn darlunio, fel y crybwyllwyd eisoes, a'i lluniau hi a gyhoeddwyd yn ei llyfr coginio, yn *The Paper People*[20] a *Literary Remains of the Rev. Thomas Price, Carnhuanawc*[21] gan Jane Williams, 'Ysgafell'.

Ganwyd tri o blant i Arglwydd ac Arglwyddes Llanofer, ond dim ond un ferch a'u goroesodd hwy, sef Augusta Charlotte Elizabeth Herbert (1824-1912). Bu hi'n olynydd teilwng i'w mam trwy iddi ddarparu nawdd ym myd y delyn a chefnogi maes diwylliant Cymru.[22] Bu farw eu hail blentyn, Benjamin Hanbury Stuart yn 19 mlwydd oed (1826-1845), a Caradoc yn 4 oed (1830-1835). Yng nghanol prysurdeb a chyfoeth materol bywyd Augusta Hall, profodd loes calon mam wrth weld ei phlant yn dioddef ac yn marw. Bu'n gofalu am berthnasau a chyfeillion claf eraill hefyd, yn union fel y magodd Gymreigrwydd Cymru yn ei adegau o wendid.

Nid gwaith a galar yn unig a gafwyd yn Llanofer, fodd bynnag, oherwydd cafwyd adegau o ddifyrrwch hefyd. Ceid gwledda a dawnsio adeg y Nadolig a'r flwyddyn newydd ac fe arferid traddodiad y Fari Lwyd gan denantiaid y Plas. Gwahoddai'r Halliaid eu tenantiaid i wledda yn eu cartref ar ddydd Nadolig, a chynigid gwobrau iddynt am gadw'u tai mewn dull atyniadol. Ceid cinio Gŵyl Ddewi ar Fawrth y cyntaf a the arbennig ar ddydd Gwener y Groglith. Cedwid traddodiadau eraill yn fyw, megis casglu Calennig ar ddechrau'r flwyddyn newydd a 'thaclwyd' y beddau ar Sul y Blodau.

Yng nghofnodion ystâd Llanofer[23] gwelir bod perthynas perchnogion y plas a'r tenantiaid yn un agos, ac elfen amlwg yn nhrefniadau'r dathliadau mawr oedd y lletygarwch a dderbyniwyd gan lawer ar hyd y blynyddoedd. Ceir tystiolaeth yn y cofnodion hefyd o garedigrwydd Augusta Hall at dlodion yr ardal. Rhoddid dwy neu dair eitem o ddillad i ddwsinau o unigolion anghenus yn flynyddol, a rhoddid rhoddion mynych i denantiaid a ddeuai at ddrws y plas i ofyn am gardod. Roedd ei gofal o'r tlodion yn unol â'r hyn a ddisgwylid gan wragedd oes Fictoria, ond mae'n amlwg y teimlai Augusta dosturi diffuant dros ei phobl. Eto i gyd, haelioni â therfynau pendant a welir ym mywyd Augusta. Rhoddai'n hael i'r anghenus a ddeuai i ofyn am gymorth, ond ceir sôn amdani'n cloi'r blwch lle cedwid y siwgr wedi iddo gael ei ddefnyddio. Edrychai ar ôl y geiniog, fel y dengys yr englyn hwn ar ben y lle tân yn ystafell fwyta'r gweision:

Englyn y Buelin

Gwastraff – eisiau, drwg ystryw – gwarth a ddwg,
Ac wrth ddwyn gwarth – dystryw;
Da i bawb cynildeb yw
A thad i gyfoeth ydyw.[24]

O ganlyniad i effeithiau damwain tra oedd yn saethu, bu farw Arglwydd Llanofer ym 1867. Ymateb syml ond dwys gafwyd gan yr Arglwyddes:

All is over. The light of my life is gone...[25]

Bedd Arglwydd ac Arglwyddes Llanofer

Bu'r Arglwyddes fyw am ddeng mlynedd ar hugain ar ei ôl, ac er iddi ddioddef gan y gwynegon, dal i frwydro a wnaeth dros Gymru, ei hiaith a'i diwylliant. I'w chyfoedion, gwraig ryfedd, ecsentrig oedd Augusta Hall ar ddiwedd ei hoes. Perthynai i oes a fu ac yn ei chartref fe'i hamgylchynwyd gan atgofion pell: 'Weird house of dead associations'[26] oedd disgrifiad un dyn ohono. Dywed eraill mai tawelu a wnaeth Augusta Hall ym machlud ei hoes, ond nid hyn yw tystiolaeth y cofnodion a'r cyfnodolion. Er i lawer o'i chydoeswyr ffyddlon farw, megis Carnhuanawc, ac i gymdeithas Cymreigyddion y Fenni ddarfod, ni pheidiodd brwdfrydedd 'Gwenynen Gwent'. Newid cyfeiriad wnaeth ei nawdd, a threuliodd lawer o'i hamser yn cynnal y delyn deires. Yn lle dibynnu ar fudiad fel cyfrwng i'w nawdd troes at unigolion megis Brinley Richards, cerddor a phianydd poblogaidd fu'n cefnogi ymgyrch Arglwyddes Llanofer i achub cam y delyn deires.[27] Unigolyn arall fu'n ei chynorthwyo oedd Joseph Parry[28] y cyfansoddwr, arweinydd a beirniad adnabyddus o Ferthyr a brofodd enwogrwydd mawr yng Nghymru yn ystod y bedwaredd ganrif ar bymtheg. Bu ef yn beirniadu yn y cystadlaethau telyn deires a drefnwyd gan Augusta Hall. Parhaodd Augusta i weithio'n ddygn tan iddi gyrraedd ei hwythdegau a'i nawdegau:

> ...at the age of 94, she died as she had lived, a worker.[29]

Gwraig gref, doreithiog a chofiadwy iawn fu farw yn Llanofer ym 1896.

---

[1]Georgina Mary Ann Waddington (née Port) 1771-1850. Merch ydoedd i Mary D'Ewes a John Port. Priododd Benjamin Waddington (1749-1828), a phrynwyd ystâd Llanofer ganddynt ddeng mlynedd cyn geni eu merch, Augusta.

[2]FRASER, M.: 'The Girlhood of Augusta Waddington (Afterwards Lady Llanover) – 1802-23.' *Cylchgrawn Llyfrgell Genedlaethol Cymru* cyf. 12, rhif 4, Gaeaf (Aberystwyth, 1962) t. 317. Geiriau Mrs Waddington, mam Augusta Hall.

[3]HARE, A. J. C: *The Story of My Life* cyfrol 5 (Llundain, 1900).

[4]HARE, A. J. C: *ibid.* t. 3.

[5]WILLIAMS, Rhiannon: *Oes y byd i'r iaith Gymraeg* (Caerdydd, 1992) t. 15. Amcangyfrifwyd bod 80% o boblogaeth Sir Fynwy yn medru'r Gymraeg ym 1801.

[6]Llsgr. Caerdydd 3.771, Llyfrgell Sir Caerdydd. Toriad papur newydd dyddiedig Ionawr 25, 1896, a 'no 3561' a 'Lady Llanover' yn benawdau iddo.

[7]Gweler Pennod 5.

[8]Gweler Pennod 5.

[9]FRASER, M.: 'The Waddingtons of Llanover 1791-1805' *Cylchgrawn Llyfrgell Genedlaethol Cymru* cyf. 11, rhif 4 (Aberystwyth, 1960) t. 319

[10]Mab ydoedd i Benjamin Hall, AS, (1778-1817) a Charlotte (1784-1839), merch Richard Crawshay, Ystâd Aber-carn.

[11]Creodd Robert Owen annedd yn Lanark i'w weithwyr lle perchid hwy yn y gwaith ac na chymerid mantais ohonynt yn y siopau lleol.

[12]HARE, A. J. C.: *op. cit.* t. 5.
[13]FRASER, M.: 'Young Mr. and Mrs. Hall 1823-1830' *Cylchgrawn Llyfrgell Genedlaethol Cymru*, cyf. 13 (Aberystwyth, 1963) rhif 1, tt. 36-7.
[14]Priododd Syr Josiah John Guest (1785-1852).
[15]FAIRFAX-LUCY, Alice: *Mistress of Charlecote* (London, 1987) t. 96.
[16]HARE, A. J. C.: *op. cit.* t. 5.
[17]Gweler Pennod 4.
[18]LLANOVER, Rt. Hon Lady: *The Autobiography and Correspondence of Mary Granville, Mrs. Delany* (London, 1861 a 1862). Mary Delaney (1700-1788).
[19]*Good Cookery* (London, 1867).
[20]*The Paper People* (1856).
[21]WILLIAMS, Jane: *The Literary Remains of the Rev. Thomas Price, Carnhuanawc* (Llanymddyfri, 1855). Gweler llun o John Jones, telynor, a dynnwyd gan yr Arglwyddes ym Mhennod 2, t. 22.
[22]Gweler Pennod 6.
[23]Llsgr. Caerdydd 4.644-7, Llyfrgell Sir Caerdydd.
[24]CADWGAN: 'Ymweliad â Llanover' *Y Frythones*, cyf. 9, rhif 8, Awst (Llanelli, 1887), t. 241. Englyn o eiddo Tegid.
[25]FRASER, M.: 'Lord Llanover's Last years 1864-1867.' *Cylchgrawn Llyfrgell Genedlaethol Cymru* cyf. 16, rhif 3, Haf (Aberystwyth, 1970) t. 287.
[26]HARE, A. J. C.: *op. cit.* t. 6.
[27]Henry Brinley Richards, 1819-1885. Gweler Pennod 5.
[28]Joseph Parry, 1841-1903. Gweler Pennod 3.
[29]FRASER, M.: 'Lady Llanover and her circle' *Trafodion Anrhydeddus Gymdeithas y Cymmrodorion*, Rhan II (London, 1968) t. 196, dyfyniad o lythyr Betha Johnes at Norman MacColl, 25 Ionawr, 1896, llythyrau Dolaucothi.

2

Arglwyddes Llanofer a'r delyn deires

O! noddes awenyddiaeth – digymhar
Deg em y D'wysogaeth!
Drwyddi i fri dirfawr aeth
Bro y delyn – bêr dalaeth.

Islwyn

Canolbwynt holl weithgarwch a nawdd Augusta Hall am flynyddoedd lawer oedd y delyn deires. Cydiodd 'Gwenynen Gwent' ynddi a'i gorseddu yn ei phlas fel offeryn y Cymry ac yn ystod ei hoes gwnaeth bopeth o fewn ei gallu i'w chefnogi, rhag iddi ddiflannu'n llwyr. Nid eithriad oedd y fath gefnogaeth yn ystod y bedwaredd ganrif ar bymtheg: bu nifer fawr o Gymry'n ddiwyd yn cynnal, yn creu ac yn ail-ddarganfod diwylliant eu gwlad. Gwelai llawer fod perygl i'r traddodiadau brodorol a'r iaith ac aethpwyd ati i'w cynnal mewn amrywiol ffyrdd. Brwydrodd pob un yn ei ddull dihafal ei hun, a dewis Augusta Hall oedd defnyddio ei chyfoeth, ei gallu, ei dylanwad a chryfder ei chymeriad i noddi'r delyn deires a chodi ei statws.

Tybir mai o'r Eidal y daeth y delyn deires i Brydain yn yr ail ganrif ar bymtheg. Erbyn y ddeunawfed ganrif yr oedd wedi ymsefydlu yma, ac ymhen amser dim ond yng Nghymru y'i harferid. Y delyn unrhes ddibedal a gâi'r sylw yma cyn dyfodiad y delyn deires ac arhosodd hi'n fwy poblogaidd yn y deheudir. Daeth Gogledd Cymru'n gartref i'r delyn deires, a chydiwyd ynddi fel baner blaen y gad pan oedd angen arwyddlun cenedlaethol ar fudiad Cymreigyddol y bedwaredd ganrif ar bymtheg. Fe fu'n ymddangos gydag arwyddeiriau megis 'Gwlad y Delyn yw Cymru' ac 'Iaith enaid ar ei thannau', gyda'r olaf yn dangos ei bod, i rai, yn offeryn a fynegai gri enaid y Cymry. Croesai'r delyn drothwy tai'r bonedd a'r werin fel ei gilydd, a daeth yn symbol o uwch-draddodiad y Cymry ar y naill law ac yn ymgorfforiad o hwyl y ffair a'r dafarn ar y llall.

Tair rhes o dannau sydd i'r delyn deires; cyweirir y ddwy res allanol i'r raddfa ddiatonig angenrheidiol (mewn unsain) a darperir y nodau cromatig gan y rhes ganol. Er mai ei chanu ar yr ysgwydd dde wnâi telynorion yr Eidal, ar yr ysgwydd chwith y'i gosodwyd yng Nghymru. Cenir yr alaw â'r llaw chwith a'r bas â'r llaw dde. Pum wythawd yw cwmpas yr offeryn, gydag oddeutu tri deg o dannau yn rhes y bas, tri deg a phedwar yn y canol a dau ddeg saith yn y llall. Nodwedd hynotaf y delyn deires yw'r effaith a grëir wrth ganu'r nodau unsain mewn modd ailadroddol. Rhydd hyn yr argraff o gyflymder a chymhlethdod, ynghyd â sain atseiniol, gyfoethog. Nid hawdd yw canu nodau cromatig y rhes ganol, yn wir mae'n bosibl i'r telynorion Cymreig osgoi eu canu'n gyfan gwbl:

> The chromatic scale on the Welsh Harp is perfectly complete, though its notes are rarely used by Welsh Harpers for the following reasons – First; Flats and sharps are seldom used in Welsh Music except as accidentals. Secondly, being in the middle they are difficult to play without causing a disagreeable jar upon the outside strings. And lastly, the art of Fingering the 'Middle Strings' has been hitherto unknown to us. I never heard a chromatic passage played by any Welsh Harper, though the whole Chromatic system is as perfect upon the Triple Harp as it is on the Piano-forte, but of course more difficult to execute.[1]

Croesawyd y delyn bedal yn olynydd teilwng i'r delyn deires am fod ganddi alluoedd atyniadol oedd i'w cymharu'n ffafriol â rhai'r piano. Hwylus oedd perfformio arni, roedd ganddi sain gyfoethog a hawdd oedd newid cywair: dyma offeryn a allai ateb holl ofynion cerddoriaeth y cyfnod rhamantaidd. Y saith pedal a gysylltid i'r rhes o dannau gan beirianwaith cymhleth a'i gwnaeth hi'n bosibl i'r telynor ostwng a chodi'r donyddiaeth fesul hanner tôn.

Perffeithiwyd y delyn bedal arwaith ddwbl gan Sébastien Erard (1752-1831) ym 1810, a daeth yn boblogaidd ym Mhrydain gyda'r cerddorion a'r bonedd yn ddiwahân. Yng Nghymru, mae'r delyn bedal a'r delyn deires wedi cydoesi am gant a hanner o flynyddoedd a mwy, ond yn raddol mae offeryn y Cymry wedi colli ei thir yn erbyn y delyn fodern.

Un o frwydrau terfysglyd rhyfel diwylliannol y bedwaredd ganrif ar bymtheg oedd y frwydr rhwng y delyn 'newydd' a'r 'hen' delyn, ac yn rheng flaen y gad safai Augusta Hall, Arglwyddes Llanofer. Arweinydd ydoedd i garfan frwd o genedlaetholwyr a sianelodd eu hymdrechion i gyfeiriad y delyn deires, ac ni allent fod wedi gobeithio am well lladmerydd na 'Gwenynen Gwent'. Dyma wraig a ddaeth yn enwog am ei dygnwch a'i dyfalbarhad diflino ond a fu'n barod i bigo a gwenwyno'r sawl a fentrai anghydweld. Carnhuanawc roddodd gyfeiriad i ddiddordeb yr Arglwyddes yn y diwylliant Cymreig. Mae'n bosibl mai yn Eisteddfod Cymreigyddion Gwent yn Aberhonddu ym 1826 y clywodd hi Carnhuanawc yn areithio ar bwysigrwydd yr iaith Gymraeg a'i llenyddiaeth, ac ochr yn ochr â'r hanfodion hyn y gosodwyd y delyn deires. Dyma'r eisteddfod gyntaf i Augusta Hall ei mynychu a darganfu'r ficer o Gwm-du gyfaill mewn cyfyngder:

> This meeting, however, became to him ever afterwards peculiarly memorable... for his honest and fervid eloquence proved the means of stimulating the inherent patriotism of Gwenynen Gwent, and gained for him the lifelong friendship of the Llanover families.[2]

Roedd ei ddylanwad yn un pwysig iawn, a thrwyddo ef yn benodol y daeth Augusta Hall i ystyried y delyn yn offeryn Cymreig.

Hynafiaethydd a oedd wedi ymgyfarwyddo ag iaith, llenyddiaeth a cherddoriaeth Cymru ers dyddiau ei ieuenctid oedd Carnhuanawc. Ymysg ei lu diddordebau yr oedd y delyn ac fe garai delyn deires Cymru yn angerddol. Roedd yn delynor medrus, roedd yn wybodus ynghylch y delyn a'r dull o'i chanu ond ni fynnodd ddatblygu ei ddawn. Bu'n cadw sawl telyn deires yn ystod ei oes a mentrodd hefyd i greu ambell delyn. Ef ddaeth ar draws cynlluniau'r delyn a greodd y gwneuthurwr telynau teires enwog, John Richards, Llanrwst (1711-1789) ar gyfer John Parry 'Ddall', Rhiwabon (1710?-1782), a chynlluniodd hefyd delyn a gyflwynwyd i Dywysog Cymru ym 1843.[3] O dan ei arweiniad, fe sefydlwyd 'Welsh Minstrelsy Society' yn Aberhonddu, cymdeithas a ymrôdd i ddysgu bechgyn dall i ganu'r delyn deires, ac a gynigai delynau'n rhoddion iddynt. Bu'n frwd dros hybu'r delyn 'Gymreig' yn enwedig wrth iddo ymwneud â Chymdeithas Cymreigyddion y Fenni. Safodd yn gadarn dros y delyn deires pan gafodd ei feirniadu ym 1845 am beidio â rhoi caniatâd i'r delyn bedal gael ei chanu yng nghyfarfodydd yr ŵyl. Wrth weld sut y brwydrodd y Person llengar hwn dros y delyn deires, gellir deall sut y bu'n batrwm i weithgarwch Augusta Hall.

Y Parch. Thomas Price, 'Carnhuanawc'

Treuliodd y ddau oriau lawer yng nghwmni ei gilydd, yn enwedig cyn cylchwyliau Cymreigyddion y Fenni, pan ddôi ef i aros yn Llanofer. Carnhuanawc ac Augusta Hall oedd ei phrif arweinwyr, a bu llawer o firi a hwyl yn gysylltiedig â'i gweithgareddau. Dengys y sgwrs ddilynol y math o drafod fu rhyngddynt:

> (They talked) dwelling with especial interest upon that of Welsh music. In order to illustrate his remarks, he rose to fetch a favourite triple harp, and carried it himself from another sitting-room into the parlour occupied by his guests. He explained with animation the best method of tuning the instrument; and expatiated on the merits of a steel harpkey of peculiar form and size.[4]

Sylweddolodd Augusta Hall, fodd bynnag, fod y telynorion yng Nghymru'n troi eu cefnau ar y delyn Gymreig. Er iddi ddibynnu ar Carnhuanawc am wybodaeth a rhesymeg ddeallus, hi yn anad neb arall ddenodd sylw at y delyn a hi a haeddai'r clod i gyd am amddiffyn yr offeryn. Defnyddiodd cefnogwyr yr offeryn traddodiadol sawl dadl i ddwyn perswâd ar y telynorion i gadw at y delyn deires. Haerent fod cerddoriaeth frodorol Cymru ynghlwm wrth y deires, a gallai farw gyda hi. Roedd y delyn bedal yn fwy drud a phe diflannai'r delyn deires byddai'r werin yn gorfod troi at offerynnau eraill. Byddai cludo telynau trymach a chyweirio mecanwaith y delyn bedal yn creu anawsterau pellach. Prif ddadleuon cefnogwyr y delyn deires oedd na ellid creu'r effeithiau adleisiol ar unrhyw delyn arall, ac yn bennaf oll, roedd yr ymdeimlad o genedlaetholdeb yn gysylltiedig â hi.

Ni welai eraill ddiben cefnogi offeryn y gorffennol; datblygiad naturiol ac arwydd o gynnydd oedd y delyn bedal. Gellid chwarae darnau cymhleth arni a gallai'r delyn gystadlu ag offerynnau eraill y cyfnod. Telynor a boblogeiddiodd y delyn bedal ym Mhrydain oedd John Thomas, 'Pencerdd Gwalia' (1826-1913). Digiodd Augusta Hall wrtho am iddo, yn ei barn hi, fradychu telyn ei wlad:

> I Arglwyddes Llanofer, bradwr o delynor meistraidd ydoedd.[5]

Gwnaeth Pencerdd Gwalia lawer i hybu cerddoriaeth Gymreig, ond gwelai mai'r delyn bedal oedd biau'r dyfodol, a threuliodd flynyddoedd yn ei phoblogeiddio yng Nghymru, yn Lloegr a thu hwnt. Ni allai neb, fodd bynnag, ddarbwyllo Augusta Hall nad oedd y delyn deires yn werth ei harddel. Er nad perfformwraig ydoedd, gwyddys iddi hi gael gwersi telyn am gyfnod gyda'r telynor adnabyddus, Elias Parish-Alvars (1808-1849),[6] a bod ganddi rywfaint o ddawn gerddorol.[7]

Bu cerddoriaeth fel cyfrwng diddanwch yn bwysig iawn ym mhlastai'r teuluoedd bonheddig Cymreig. Croesewid telynorion crwydrol i'w haelwydydd ac roedd dawnsio i gyfeiliant telyn yn boblogaidd. Cafwyd mwy o bwyslais ar gerddoriaeth draddodiadol yng Nghymru ac ni fabwysiadwyd arddulliau'r Dadeni fel a gafwyd yn llysoedd Lloegr. Efallai nad efelychu bwriadol gafwyd gan Augusta Hall wrth iddi greu canolfan debyg yn ei chartref, ond breuddwyd ganddi hi a Benjamin Hall oedd creu canolfan ddiwylliannol Gymreig, a dyna un rheswm dros adeiladu'r plasty a gwblhawyd ym 1837. Conglfaen y fenter oedd sicrhau presenoldeb telynor Cymreig o'r cychwyn, a hyd yn oed cyn adeiladu'r plasty. Darganfu Augusta Hall delynor cymwys yn yr Eisteddfod gofiadwy honno yn Aberhonddu, ym 1826, sef John Wood Jones (1800-1844) o Ddolgellau. Enillodd ef delyn arian yno ac wedi hynny daeth yn delynor swyddogol yn Llanofer. Dyma ddechreuad i'r agwedd bwysig ar gefnogaeth Augusta Hall a'i nawdd i delynorion.

Telynor o dras y sipsi ydoedd: mab i Adam Wood ac ŵyr i Valentine Wood, telynorion teires da o dylwyth y Woodiaid.[8] Roedd y gangen hon o'r teulu yn adnabyddus am eu doniau cerddorol, gyda chanu'r delyn deires yn datblygu'n draddodiad yn eu mysg. Hyfforddwyd John Jones gan ei dad, yna gan Richard Roberts, Caernarfon, (1769-1855), ac felly mae'n dra thebygol iddo elwa ar draddodiad y sipsi ac ar y traddodiad Cymreig fel ei gilydd. Nid sipsi oedd ei fam, Elizabeth Reynolds, fodd bynnag, ac felly bu'n gysylltiedig â'r traddodiad Cymreig yn gymdeithasol. Datblygodd yn fwy o Gymro nag o Romani, er hynny:

John Wood Jones

> Adam's children on the gentile side, John, Benjamin, and Anne, seem to have done little to preserve the Romani element in the family.[9]

Roedd John Jones hefyd yn ddolen gyswllt yn y traddodiad maith o ganu'r delyn yng Nghymru, fel y dengys ei feddargraff:

> Yma gorphwys corph John Jones Telynor teulu i Syr B. Hall o Lanofer… Disgybl telyn oedd i Richard Roberts o Gaernarfon, athraw yr hwn oedd William Williams o Benmorfa, a'i athraw ef oedd John Parry o Riwabon, cynllun bardd Gray, a'i athraw yntef Robert Parry o Lanllyfni yn Arfon, yr hwn a dderbyniodd ei gelfyddyd oddiwrth hen delynorion Cymru.[10]

Clywodd John Jones, William Willams o Benmorfa (1759-1828), yn canu'r delyn tra oedd Williams yn delynor teuluol i

Gwynne Hughes, Tre-gib, Llandeilo, fel yr edrydd Carnhuanawc:

> John Jones, the harper of Llanover, himself an excellent performer... said, that he heard old Williams of Tregib play, and that he was the finest harper he had ever heard.[11]

Clod sydd gan Thomas Price i athro John Jones hefyd:

> I have often heard Roberts play; his execution was exceeding rapid, regular and true, never touching the strings with his nails, or making any jar whatever.[12]

Roedd y telynor o dras y sipsi'n olynydd i rai o delynorion enwocaf Cymru, ac yn Llanofer sicrhawyd nawdd iddo yn yr un modd ag a wnaethpwyd i'w ragflaenwyr mewn plastai eraill. Nid cynnal telynor yn unig wnaeth Augusta Hall, ond parhau llinach o delynorion a ymestynnai dros ganrifoedd.

Enillodd John Jones barch ac edmygedd bonedd Cymru, a chyn dod i Lanofer bu'n gwasanaethu noddwr a thelynor o'r ddeunawfed ganrif, sef Sackville Gwynne, Plas Glanbrân ger Llanymddyfri. Yn dilyn hynny aeth i gadw un o ysgolion telyn Carnhuanawc yng Nghaerfyrddin, lle dysgid plant cloff a dall i ganu'r offeryn. John Jones hefyd oedd athro telyn y 'Breconshire Society for Welsh Minstrelsy' a sefydlwyd ym 1824 er mwyn dysgu bechgyn dall a thlawd i ganu'r delyn deires. Telid pedair punt ar hugain iddo am ddysgu dau fachgen bedair gwaith yr wythnos am awr o leiaf.[13] Bu'r gymdeithas yn un lwyddiannus iawn, gyda John Jones yn athro iddi am rai blynyddoedd. Cyfeiriwyd ato mewn amrywiol ffyrdd, gan gynnwys John Jones 'Dolgellau', 'Caerfyrddin', 'Glanbrân' a 'Llanofer'. Mae'n debyg iddo gael yr enw John Jones, Clifton hefyd. Gwelir mai ef oedd arweinydd telynorion Cylchwyl Cymreigyddion y Fenni ym 1837 a 1838[14] a gellir casglu iddo fentro dros y ffin i Loegr am gyfnod.

Disgybl i John Jones tra oedd yng Nglanbrân oedd Thomas Gruffydd, 'Tredegar' a 'Llanofer' (1815-1887). Telynor dall ydoedd a ddaeth fel ei athro'n delynor teulu i'r Arglwyddes ac a fu'n byw yn Nhŷ'r Eglwys, Llanofer. Awgryma nifer o ffynonellau mai ef oedd olynydd John Jones wedi ei farwolaeth ym 1844, ond yn ôl Mrs. Gruffydd Richards, ei ferch, ym 1867 y daeth yn delynor i'r teulu.[15] Dengys tystiolaeth bellach mai ef, fodd bynnag, oedd telynor Llanofer ym 1860:

> ...and Gruffydd, the Llanover harper, performed some of his finest pieces on the triple stringed harp of Wales. The Prince desired to see Gruffydd, the Welsh harper, who descended from the gallery in full costume, covered with medals won at various Eisteddfodau...[16]

Ganed Thomas Gruffydd ym mhlwyf Llangynidr, sir Frycheiniog, i deulu o amaethwyr. Yr oedd bron yn ddall o ganlyniad i ddwy ddamwain; collodd un llygad yn dair oed pan gwympodd ar fwyell a dim ond golwg cyfyngedig oedd ganddo yn y llall yn dilyn damwain yn yr ysgol. Fel llawer o fechgyn dall yr oes fe'i haddysgwyd i ganu'r offeryn cenedlaethol a daeth yn falch o'r delyn deires a'i thraddodiad. Yn null yr hen delynorion crwydrol teithiodd Gruffydd ledled y wlad gan fynychu cyfarfodydd Cymreigyddol. Cludai ei delyn ar ei gefn ac arferai ddiddanu ei gynulleidfa drwy ganu'r offeryn a chanu penillion. Bu'n cystadlu'n aml a dywedir iddo ennill tri deg a saith o wobrau, gan gynnwys medalau yn Eisteddfod Castell-nedd ym 1860 ac Eisteddfodau Cymreigyddion y Fenni. Mynychodd gylchwyliau'r Fenni ym 1837 a 1838, cyn iddo gael ei benodi'n delynor i Lys Llanofer, a chyfeirir ato fel 'Griffiths, Tredegar'. Enillodd nifer o wobrwyon yng nghyfarfodydd y Fenni, gan berfformio gyda'i wraig a chyfeilio i eraill. Yn Eisteddfod y Fenni, 1845 ef oedd yn fuddugol ar ganu 'Y Bardd yn ei Awen' ar y deires ac enillwyd telyn draddodiadol newydd ganddo yng nghystadleuaeth y telynor gorau. Bu ef a'i wraig yn fuddugol ar gystadleuaeth canu deulais i gyfeiliant y delyn deires yn ogystal. Er mai gair da a geir am ddawn Gruffydd fynychaf, ni ddeuai llwyddiant i'w ran bob amser:

> Griffths of Tredegar was not permitted to know lately, at Liverpool, that the unnecessary quickness of his playing in his praiseworthy competition was not sufficient to gain for him the

Thomas Gruffydd

> prize. He is a famous good performer; but it is very imprudent and a great pity not to let him know it.[17]

Yn nhyb rhai, nid oedd ei ddawn gyfuwch â doniau telynorion y delyn bedal ychwaith:

> nid wyf yn siarad mewn un modd yn isel am Thomas Gruffydd a Llewelyn Williams. Y mae gennyf bob parch i'r ddau; a gwyddant hwy fel finnau nad ydynt ond cerddorion cyffredin.[18]

Yn Eisteddfod y Fenni 1853 enillodd Thomas Gruffydd ddeg gini am ganu hen alaw ar y delyn ac am gyfansoddi pedwar amrywiad ar 'Glychau Aberdyfi'. Y beirniad bryd hynny oedd John Thomas, 'Pencerdd Gwalia' ac fe ganmolodd ef allu creadigol y cystadleuydd. Roedd Gruffydd yn cyfansoddi alawon telyn gwreiddiol hefyd. Yng nghystadleuaeth y delyn deires ym 1885[19] perfformiodd ef a'i ferch gyfansoddiad o'i eiddo ac wedi ei farwolaeth cyhoeddwyd cân ac alaw o'i waith, sef 'Gwlad y Bardd'. Ym 1869, yng nghystadleuaeth y delyn Gymreig yn Llanofer, ymddengys mai Gruffydd oedd y beirniad[20] ond y fraint fwyaf a roddwyd iddo oedd cael ei benodi'n 'Delynor Cymreig Arbennig i'w Uchelder Brenhinol Tywysog Cymru' ym 1869. Honnir iddo ddysgu deugain o ddisgyblion yn ystod ei oes, ac arwydd o'i lwyddiant yw i bump o'r rheini fod yn llwyddiannus yng nghystadleuaeth y delyn deires yn Abertawe ym 1885.[21]

Gwyddys i'r Arglwyddes gyflogi telynor o'r enw Walter Watkins[22] o Gwm-du, Brycheiniog, yn ogystal â Gruffydd a thybir mai telynor a gyfeiliai i'r dawnsio ydoedd. Ymddengys ei fod yn Llanofer ym mhumdegau'r ganrif honno ac roedd yna delynor un ar hugain oed o'r enw Walter Watkins yn byw yn y llys ym 1851.[23] Roedd Walter Watkins yn fuddugol fel unawdydd gyda'r delyn yn Eisteddfod Cymreigyddion y Fenni ym 1845, ac yn Eisteddfod 1853 cyfeiriwyd ato fel telynor LIanofer. Yno bu'n fuddugol mewn cystadleuaeth oedd â'r bwriad o annog y chwaraewyr profiadol, ond gwrthododd Gruffydd gystadlu yn erbyn y tri arall am iddynt fod yn iau ac yn llai profiadol nag ef. Athro cyntaf Watkins

Sussanah Berrington Gruffydd Richards

oedd John Jones, Telynor Llanofer, ac wedi hynny daeth yn ddisgybl i Thomas Gruffydd.

Telynores oedd merch Gruffydd, Sussanah Berrington Gruffydd Richards, 'Blodwen Mynwy' a 'Phencerddes y De'

(1854-1952)[24] hefyd a bu'n perfformio deuawdau gydag ef yn gyhoeddus.[25] Bu'n gystadleuydd llwyddiannus, ac enillodd sawl gwobr am ganu'r delyn deires, gan gynnwys y wobr gyntaf yn Eisteddfod Llanymddyfri ym 1872. Bu'n canu'r delyn gerbron y teulu brenhinol a bu hefyd yn cymryd rhan mewn Cyngresau Celtaidd a gynhaliwyd yn Nulyn, yng Nghaeredin a Chaernarfon. Daeth hi'n delynores deuluol i Arglwyddes Llanofer wedi marwolaeth ei thad, a bu'n weithgar yn y llys hyd nes i'r Arglwyddes farw ym 1896. Un o'i phrif swyddogaethau oedd dysgu, ac yn ei llyfr cownt[26] nodir ei chyflog misol rhwng 1889 a 1896 am ddysgu tri disgybl ysgoloriaeth i ganu'r delyn deires, sef tair punt a thri swllt, a thalai Augusta Hall hefyd am dannau newydd i'r offeryn. Yn Llanofer y maged Mrs Richards, ac er mai dilyn camre ei thad a wnaeth bu cytundeb ffurfiol rhyngddi hi ac Augusta Hall. Bob mis, arwyddai'r delynores dros stamp ar waelod tudalen a restrai'r taliadau. Dengys hyn fod gan yr Arglwyddes, er cymaint ei haelioni, feddwl gwraig fusnes graff. Daeth Sussanah Richards i sylw Cymru gyfan yn ystod cyfnod ei chyflogi gan Mrs Herbert, Llanarth, 'Gwenynen Gwent yr ail', yn enwedig yn ystod paratoadau Eisteddfod Genedlaethol y Fenni, 1913.[27] Yn Nhŷ'r Eglwys, Llanofer y treuliodd y delynores ei hoes faith.

Yn y cofnodion sydd ar gadw ceir mwy o gyfeiriadau at Thomas Gruffydd na'r un telynor arall a gwelir yn gliriach ei swyddogaeth o fewn y llys. Rhai tebyg, mae'n siŵr, fyddai swyddogaethau John Jones ac S. B. Gruffydd Richards. Chwarae yn ôl y galw fyddai'r telynor; byddai gofyn iddo ddiddanu gwesteion y plas a gelwid arno i ganu'r hen alawon Cymreig:

> We had more of the Welsh music in the evening. We went and sat in the armchairs in the hall, and the household filed in above, and filled the music-gallery, and sang most gloriously... At other times, the blind harper attached to the house came in and harped to us, and four little boys sat in a circle on the floor and sang.[28]

Arferai'r telynor berfformio hefyd pan oedd y morynion, y gweision a'r tenantiaid yn dymuno dawnsio.

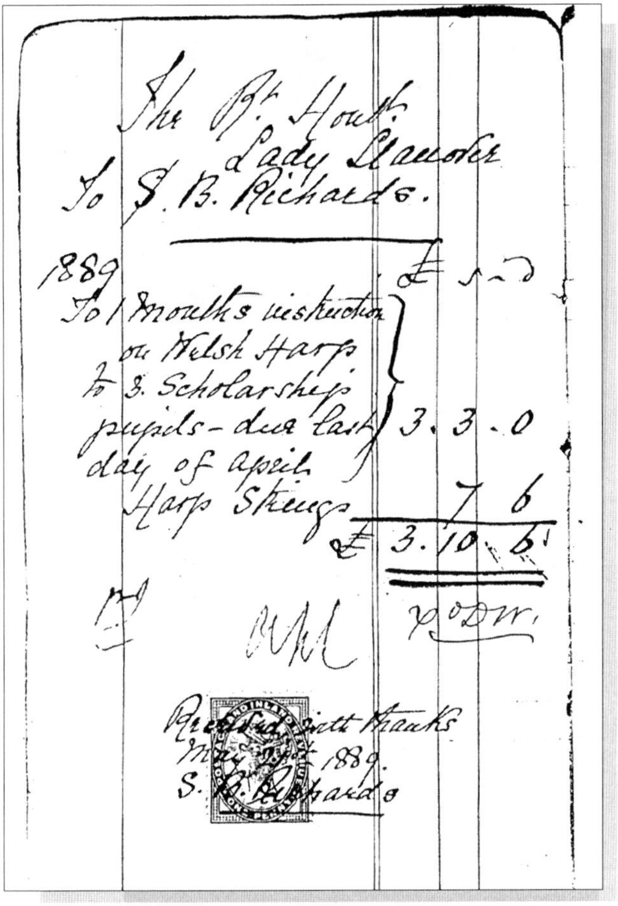
The Rt. Honble.
Lady Llanover
To S. B. Richards.

1889 £ s d
To 1 months instruction on Welsh Harp to 3. Scholarship pupils - due last day of April 3. 3. 0
Harp Strings 7 6
£ 3. 10. 6

Received with thanks
May 9th 1889.
S. B. Richards

Tudalen o lyfr cownt S. B. Gruffydd Richards

Dechreuwyd patrwm ym 1837, sef blwyddyn cwblhau'r llys, ar gyfer dathlu'r Nadolig a'r flwyddyn newydd. Nid dathliadau i'r bonedd yn unig oeddynt ond gwleddoedd a groesawai weision a thenantiaid yr Halliaid. Sefydlu cyfathrach agos rhyngddynt hwy a'r werin oedd y nod, a hynny mewn dull patriarchaidd. Seiliwyd yr holl ddiddanwch ar iaith a thraddodiadau Cymru. Câi'r delyn deires le canolog yn y dathliadau hynny, a John Jones y telynor teulu a Thomas Gruffydd yn ddiweddarach fu'n gwasanaethu ynddynt. Canent y delyn ar ôl y prydau bwyd a chymerent ran yn y cyngherddau a drefnid. Alawon Cymreig megis 'Triban Gwŷr Harlech' a 'Chodiad yr Haul' fyddai *repertoire* y telynorion ac fe'u perfformid rhwng yr eitemau corawl a lleisiol a'r areithiau a geid gan y gwahoddedigion. Cyfeilient hefyd i'r cantorion a ganai benillion ac alawon Cymreig ac i'r dawnswyr yn hwyrach. Yng nghofnodion digwyddiadau Dydd Nadolig 1876 cyfeirir at gyfraniad pwysig Thomas Gruffydd i'r dathliadau hyn:

> a great deal was owing to Gruffydd who not only played but took an important part in singing his best Welsh songs.[29]

Agwedd bwysig ar waith y telynor oedd y gwersi a ddarparwyd i fyfyrwyr, o dan nawdd 'Gwenynen Gwent'. Gwyddys i gyw-gerddorion ddysgu canu'r delyn deires gan delynorion Llanofer, ond ychydig o wybodaeth bellach sydd ar gael. Dengys llythyrau dyddiedig Mai 1884,[30] mai un o'r telynorion ffodus hynny oedd bachgen ifanc o Gwmafan. Fel hyn yr ysgrifennodd Rees Morgan (ysgrifennydd cymdeithas anhysbys) at Mr Dafydd Williams:

> Dear Sir,
>
> We intend sending a Young Man named Edward Davies from Cwmavon to Gruffydd to Llanover, to be examed in Harp playing, according to Lady Llanover's instructions, and to write and let you know of his coming, so that you may meet him at Nantyderri Station tomorrow morning, the train which he is coming with is due at that station at 10.45 a.m.
>
> I am
> Yrs Truly
> Rees Morgan.
> (Sec of committee)[31]

Roedd yn rhaid i'r dyn ifanc gael ei glywed gan Gruffydd cyn iddo gael ei dderbyn. Arglwyddes Llanofer, fodd bynnag, a ysgrifennodd ato yn cynnig yr ysgoloriaeth iddo:

> Lady Llanover has received a very hopeful report from Gruffydd about young E– Davies and she will therefore give him Harp Scholarship on conditions annexed from 1st June – but being Whitsunday, he could arrive either on Saturday 31st May or on Monday or Tuesday 2nd or 3rd June.

Signed
Aug. Baroness Llanover

Conditions.

To find himself in Lodging & food – & have his Scholarship renewed every quarter for one year, if deserving & well conducted or otherwise dismissal.[32]

Ceir yma amlinelliad o'r hyn a dderbyniai'r disgybl, sef ei gynhaliaeth a'i wersi am ddim. Ni fyddai'r Arglwyddes yn goddef ymddygiad na chynnydd llai na'r derbyniol ac nid oedd unrhyw amheuaeth ynghylch canlyniad ymarweddiad anfoddhaol. Yma gwelir eto brawf o agwedd broffesiynol Augusta Hall yn gweinyddu'r cynllun: ni allai neb ddadlau â hi, hyd yn oed pan oedd dros ei phedwar ugain oed! Yn yr achos hwn, cyrhaeddodd y cyw-delynor y nod, a gwelir enw Edward Davies, neu 'Taibach', mewn adroddiad papur newydd am gystadleuaeth y delyn deires yn Abertawe ym 1885.[33] Enillodd ddwy wobr yno ac ym 1886 enillodd wobr o chwe phunt yn Eisteddfod Caerwys.[34]

Soniwyd eisoes am lyfr cownt Sussanah Richards lle ceir tystiolaeth amdani'n hyfforddi disgyblion a dderbyniodd ysgoloriaeth gan Augusta Hall. Ni nodir eu henwau, ysywaeth, na'r nifer o fyfyrwyr a ddysgid, ond rhaid bod cnewyllyn da o delynorion wedi cael dysg dros gyfnod o saith mlynedd. Ceir tystiolaeth bellach am nawdd yr Arglwyddes trwy gyfrwng ysgoloriaeth mewn datganiad gan Augusta Hall ym 1888:

Mae'r Wir Anrhydeddus Arglwyddes Llanofer yn penodi Pedr Ab Ioan i Ysgoloriaeth i ddysgu'r Delyn Deir-res Gymreig o dan addysg Mrs. S. B. Richards Tŷ'r Eglwys Llanofer, ac i fod ar brawf am Dri Mis, ac os bydd iddo barhau yn y cyfamser yn Ddianwadal ac ymdrechgar i ddysgu, bydd iddo i barhau am dymhor ymhellach. Os na bydd dim yn cael yn roddi yn ei erbyn.

Arwyddwyd gan yr Arglwyddes
Chwefror 1, 1888[35]

Derbyniodd Pedr ab Ioan ysgoloriaeth Llanofer a daeth yn adnabyddus fel telynor yn ystod cyfnod Gwenynen Gwent yr ail.[36] Mewn cytundeb a arwyddwyd gan fam Pedr ab Ioan cyn iddo dderbyn yr ysgoloriaeth honno, ceir cyfeiriad at delyn a fenthycwyd i'w diweddar fab, Ioan ab Ioan:

> Yr wyf fi Elizabeth James yn cydnabod bod y Delyn Deir-res Gymreig sydd yn y Tŷ hwn, yr hon a roddwyd yn fenthyg i fy niweddar fab Ioan ab Ioan gan y Wir Anrhydeddus Arglwyddes Llanofer, yn eiddo i'r Wir Anrhydeddus Arglwyddes Llanofer. Ac os bydd i'r Wir Anrhydeddus Arglwyddes Llanofer gweled bod yn dda i roddi ysgoloriaeth i ddysgu'r Delyn deir-res gymreig i fy mab Pedr ab Ioan yr hwn sydd y awyddus am gael hynny. Ac hefyd i roddi Menthyg y Delyn deir-res gymreig hon iddo at ymarfer ei dysgu. Ac hefyd, y bydd i mi Elizabeth James, roddi y Delyn hon i fynu o fy meddiant unrhyw amser, yr ymofyner am danu gan y Wir Anrhydeddus Arglwyddes Llanofer.
>
> Elizabeth James
> Chwefror 1, 1888[37]

Dyma enghraifft o gynllun benthyg telynau teires Augusta Hall i'r rhai a ddangosai ddiddordeb yn yr offeryn cenedlaethol. Ar yr achlysur hwn roedd y delyn eisoes ym meddiant y teulu am i'r diweddar fab ddysgu arni. Mae'n debyg i'r mab hwnnw hefyd dderbyn ysgoloriaeth gan yr Arglwyddes. Nid rhoi'n rhydd wnaeth Gwenynen Gwent ychwaith: sicrhaodd gytundeb a nodai fanylion ei rhodd a'i hawl ar y delyn. Mae'n siŵr y byddai'r benthyciwr yn teimlo bod arno ddyled iddi am ei charedigrwydd.

Bu Ioan ab Ioan, y mab a fu farw, fel Pedr ab Ioan (Peter James), yn gystadleuydd llwyddiannus hefyd. Yng ngornest y delyn deires yn Abertawe ym 1883 bu'n fuddugol ar yr unawd hunan-gyfeiliant ac yn gydradd ail ar yr unawd telyn i ddynion.[38] Trechodd bump o delynorion mewn cystadleuaeth arall a gynhaliwyd yn Abertawe ym 1885[39] pan oedd ychydig dros ugain mlwydd oed. Dengys cyfraniad ab Ioan a 'Taibach' fod y disgyblion yn weithgar yn myd y delyn a bod cynlluniau Augusta Hall yn dwyn ffrwyth.

Gellir casglu mai teulu lleol oedd teulu Elizabeth James ac yng nghofnodion dathliadau'r Nadolig a'r flwyddyn newydd yn Llys Llanofer ceir cyfeiriadau at wraig o'r un enw, ynghyd â bechgyn ag enwau tebyg.[40] Yn nathliadau 1876 roedd pedwar brawd (tybiedig) yn bresennol, ac ym 1877 roedd Elizabeth James, Ioan ac Iago ab Iago yn bresennol,

> ...Ioan, Iago, Pedr ac Arthur ab Iago, sang admirably their Pennillion to the harp...[41]

Ymddengys y pedwar enw yn rhaglen cyngerdd Nadolig 1877 lle canasant benillion i gyfeiliant Thomas Gruffydd. Enwir y brodyr hefyd yn rhestrau'r gweithwyr a oedd yn bresennol yn y te a ddarparwyd ar Wener y Groglith o 1881, 1882 a 1883.[42] Roeddynt yn amlwg yn gyfarwydd â'r diwylliant Cymreig ac yn ôl pob tebyg yn ymddiddori yn y traddodiadau cerddorol.

Mae'n dra thebygol hefyd i fachgen o'r enw David Jones, 'Caergybi', astudio am gyfnod yn Llanofer. Bu'n chwarae mewn côr telynau yn Llanofer ym 1885[43] a bu'n cystadlu yn Abertawe yn yr un flwyddyn.[44]

Ymdrechodd Augusta Hall yn galed iawn i gynnal y telynorion teires profiadol a chefnogi'r rhai amhrofiadol trwy gynnig nawdd ariannol a darparu cyfle iddynt berfformio a dysgu crefft. Wrth iddi gefnogi'r telynorion yn y fath fodd, sicrhaodd barhad i'r traddodiad o ganu'r offeryn a bu'n cynnal llinach o delynorion teires traddodiadol. Eto i gyd, nid hybu'r chwaraewyr yn unig wnaeth yr Arglwyddes, oherwydd cefnogwyd gwneuthurwyr telynau teires yn Llanofer yn ogystal. Tybir bod ganddynt weithdy telynau ar yr ystâd, ond er bod manylion i'w cael am y gwneuthurwyr nid oes tystiolaeth ynghylch lleoliad nac yn wir bodolaeth eu gweithdy. Gallai'r telynau fod wedi cael eu gwneud yng ngweithdy'r saer, er nad erys gwybodaeth am hwnnw ychwaith, gan ddileu'r angen am weithdy penodol ar gyfer creu telynau.

Un o wneuthurwyr Llanofer oedd Abram Jeremiah (neu Abraham, ?-1885). Rhoddwyd telynau o'i wneuthuriad yn wobrau yn Eisteddfodau Cymreigyddion y Fenni, a châi ei ystyried yr olaf o feistri'r grefft:

> ...a'r unig un a ystyrrid yn wneuthurwr profedig, ac yn feistr ar y gwaith o wneyd telynau yn ôl dull yr hen wneuthurwyr.[45]

Cafodd Abram archebion am delynau o bell ac agos, gan

gynnwys archeb oddi wrth Carl Engel, Llundain[46] (cyfaill i Brinley Richards) ac oddi wrth Harry Parry, gŵr o Gaergybi.[47] Talodd Carl Engel un bunt ar ddeg am ei delyn, a datgela'r ohebiaeth ynghylch ei offeryn fanylion am y berthynas rhwng y gwneuthurwr ac Arglwyddes Llanofer:

> My Lady's arrangement with Abram is that he continues to make Welsh Harps in all his own space over time & then if they are sold he has £10.10.0 for each Harp – strung... she does not give anything towards these Harps only she encourages Abram to make them & she sees that he is paid.[48]

Yr ystâd a dalai am y pren ar gyfer yr offeryn ond cesglir o'r dyfyniad uchod mai mewn gair yn unig y cefnogai'r Arglwyddes y gwneuthurwr hwn. Creir yr argraff nad oedd yna frys neu alw am y telynau ac nad ei brif waith oedd llunio offerynnau. Yn ychwanegol at hyn, gall fod y cymal 'in all his own space' yn awgrymu mai yng ngweithdy ei gartref ac nid ar ystâd Llanofer y gwnâi Abram delynau.

Rhestrir enw Abram Jeremiah yng nghofnodion dathliadau'r Nadolig a'r flwyddyn newydd yn Llanofer[49] rhwng 1862-64, 1866, 1870, 1876-78, ac roedd yn bresennol hefyd yn nhe Gwener y Groglith 1881-3. Awgryma'r cofnodion hyn bresenoldeb o dros ugain mlynedd yn Llanofer. Nodir galwedigaethau rhai o'r tenantiaid yn y cofnodion, ond ym mhob achos gelwir Abram Jeremiah yn saer coed ac nid yn wneuthurwr telynau. Yn yr un gyfres o gofnodion gwelir enw Elias Francis (1829-1911),[50] gwneuthurwr telynau arall o Lanofer. Ceir ei enw yn rhestrau 1862-64, 1866 a 1877-78,[51] ac fel saer coed y cofnodir ef. Ymddengys, felly, i Abram Jeremiah ac Elias Francis gydweithio yn Llanofer. Yn ôl tystiolaeth un o ddisgynyddion y teulu, 'Carpenter and harp maker' oedd Francis,[52] gyda chrefft y saer yn draddodiad teuluol. Seiri coed fyddai'n creu telynau teires yn achlysurol oedd y ddau, felly. Hawdd derbyn y gallent fod wedi creu telynau teires heb lawer o drafferth oherwydd ni pherthyn unrhyw gymhlethdod mecanyddol iddynt. Gallai saer coed cyffredin ddysgu eu llunio, fel y gwnaeth Bassett Jones, drwy astudio cynlluniau ac enghreifftiau cynnar.

Elias Francis 'Highmead' y gelwid y saer coed, ar ôl ei fferm yn Coldbrook, nid nepell o Lanofer. Dyma'r fferm fu'n gartref iddo wedi iddo ailbriodi, ac mae'n bosibl iddo fentro i fyd ffermio ei hun. Roedd gweithdy ar y fferm ac felly gallai'r telynau fod wedi cael eu gwneud yno.[53] Yn ôl traddodiad, tyfai berllan o brennau pêr ger y tŷ ac fe dorrai'r gwneuthurwr y coed er mwyn gwneud telynau ohonynt.[54] Gwnaeth ef delyn ar gynllun John Richards, Llanrwst i'w chyflwyno'n wobr yn y gystadleuaeth ar gyfer telynorion teires a gafwyd yn Llanofer ym 1869.[55] Fel hyn y disgrifiodd Arglwyddes Llanofer y delyn a gynigwyd yn wobr:

> Mae y delyn a roddir genyf yn wobr yma heddyw... wedi ei gwneuthur yr un ddull ac yn yr un modd a thelyn sydd yn awr yn fy meddiant, yr hon a wnawd gan y gwneuthurwr telynau enwog John Richard. Rhaid cael coed wedi sychu a'u tymheru yn dda i wneyd telynau. Y mae coed sydd yn y delyn wobrwyol wedi bod yn sychu am oddeutu ugain mlynedd. Rhaid hefyd i'w gwneuthuriad fod yn dlws ac yn gryf, ac ni ddylid ei goreuro.[56]

Dengys y dyfyniad uchod fod gan yr Arglwyddes delyn Gymreig o wneuthuriad John Richards, a bod hon yn batrwm i'r telynau a wnaed yn Llanofer. Ni ellir dweud a oedd unrhyw wneuthurwyr eraill a allai fod wedi creu telynau ar yr ystâd yn dilyn yr un cynllun. Nid oes llawer o esiamplau o delynau Llanofer yn bodoli heddiw, a rhaid dibynnu ar draddodiad llafar wrth geisio dod o hyd i enghreifftiau a cheisio gwybodaeth amdanynt. Ni ddaeth cynlluniau telynau i law, ac ni fu neb, hyd yn hyn, yn ymchwilio'n benodol ac yn drylwyr i delynau Llanofer. Fodd bynnag, ceir dwy delyn o leiaf yng Nghymru yr honnir iddynt fod yn delynau Llanofer, ac wrth eu hastudio hwy gellir nodi eu nodweddion.

Goroesodd un delyn brydferth a ddaeth o stad Llanofer ac sydd yn enghraifft gyflawn iawn o'r telynau a wnaed yno. Mae'r delyn hon ym meddiant Ann Griffths ac E. Lloyd Davies ym mhentref Tre'r-gaer, Rhaglan, Gwent. Anrheg briodas ydoedd gan Augusta Hall i aelod o deulu bonheddig Rhodes, Glan Trothi, a'r unig welliannau iddi ers ei chreu yw iddi gael ei haddasu i'w chanu ar yr ysgwydd dde, a rhoddwyd seinfwrdd newydd i'r offeryn. Mae'r delyn yn osgeiddig ond eto'n blaen, ar wahân i'r addurn o ddail a mes a geir ar hyd y grib. O ran gwedd a mesuriadau nid yw'n wahanol iawn i delynau teires Bassett Jones a wnaed yn y bedwaredd ganrif ar bymtheg, nac i'r rhai cynharach a wnaed gan John Richards a David Evans, Llundain, sef gwneuthurwyr o'r ddeunawfed ganrif. Er mor unigryw oedd nodweddion telynau Llanofer a thelynau Bassett Jones, gwelir sut y tarddant o gynlluniau gwreiddiol John Richards, Llanrwst.

Mae i delyn Llanofer gefn cowperaidd sy'n nodweddiadol o delynau'r bedwaredd ganrif ar bymtheg a'r telynau teires gwreiddiol. Mae'r adeiladwaith mewnol a geir y tu ôl i seinfwrdd y delyn sef y barrau pren sy'n cryfhau ac yn cynnal y seinfwrdd, hefyd yn nodweddiadol o delynau Bassett Jones, John Richards a David Evans.[57] Mae llorf telyn Llanofer yn hwy a'r bol yn gulach na thelynau Jones a Richards. Gorwedd y tannau ar yr ochr dde i'r brig ac mae nifer y tannau'n debyg iawn, sef 97 ar delyn Llanofer a 96 ar delynau John Richards a Bassett Jones.[58] Ceir addurn sgrôl sy'n troi i gyfeiriad cefn y delyn, ar ben y llorf, fel ar delynau'r ddau wneuthurwr enwog. Roedd hyn yn nodwedd gyffredin o delynau'r ddeunawfed ganrif. Gwyra'r delyn oddi wrth yr arddull gydag ychwanegiad traed: dwy droed isel yn y cefn, a dwy uchel yn y blaen.

Fel y soniwyd eisoes ceir mes ynghyd â'u dail ar frig telynau Llanofer fel ar delynau mwyaf arbennig Bassett Jones.[59] Gellir tybied mai'r cyswllt â'r Derwyddon oedd y rheswm am natur boblogaidd yr addurn hwn, sef symbol o hanes Cymru a hybwyd gan fudiad Cymreigyddol y bedwaredd ganrif ar bymtheg. Wrth edrych yn fanwl ar delynau Llanofer gwelir bod ambell fesen o fewn y patrwm ar goll. Un chwedl yw y gellir darganfod pa wneuthurwr a wnaeth y delyn trwy gyfrif y nifer o fes sydd yn eisiau.[60]

Yn 'Telynfa', Cas-blaidd ceir telyn arall y credir iddi fod yn delyn a wnaethpwyd yn Llanofer. Nid yw hon mewn cyflwr da ond credir ei bod bron yn gyfan o ran adeiladwaith.

Telyn Llanofer – eiddo Ann Griffiths ac E. Lloyd Davies

	MESURIADAU (cm)		
Nodwedd	**Telyn John Richard** (Rhif AWC 49.67)	**Telyn Bassett Jones** (Rhif AWC 49.75)	**Telyn Llanofer** Ann Griffiths, Tre'r Gaer
Hyd y Llorf	81.5	80.0	88.0
Uchder brig y delyn o'r llawr	193.0 *	193.5 *	193.0
Y pellter o du blaen y delyn i'w chefn	68.8	72.0	82.0
Hyd y bol (yn ei wyneb)	118.0	118.0	122.0
Dyfnder cafn y bol (yn ei waelod)	30.5	35.0	15.5
Dyfnder cafn y bol (yn ei ben uchaf)	8.5	9.5	7.5
Lled y bol (yn ei waelod)	47.5	50.5	40.0
Lled y bol (yn ei ben uchaf)	12.5	13.0	10.5
Trwch y llorf, o'r tu blaen	4.5	4.7	5.0
Trwch y llorf, o'r ochr	6.0	5.5	6.0
Trwch wyneb y bol	0.6	Ynghudd	Ynghudd (ond nid y gwreiddiol)

	NIFER EBILLION		
Rhes y llaw dde	36	36	37
Y rhes ganol	33	31	33
Rhes y llaw chwith	27	29	27
Cyfanswm	96	96	97

* nodir 93.0cm a 93.5cm yn y llyfr

Tabl Cymhariaeth: tair telyn deires

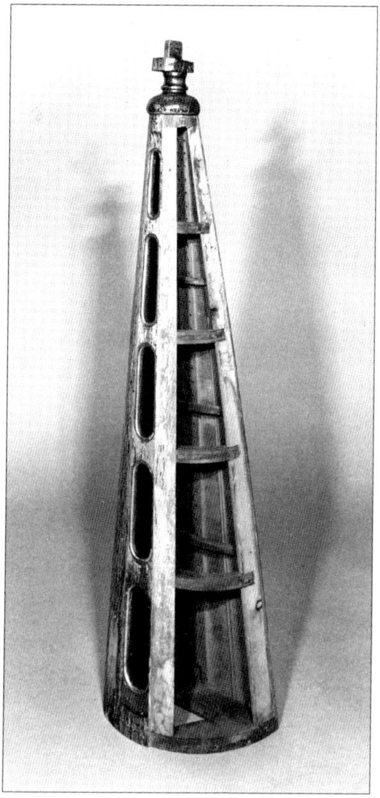

Cefn telyn Llanofer

Brig a llorf telyn Llanofer

Ymdebyga'n fawr i'r delyn yn Nhre'r-gaer a gwelir patrwm mes tebyg ar ei brig, sgrôl ar ben y llorf a thraed ar waelod y delyn. Nid yw ei chefn, fodd bynnag, yn gowperaidd. Gan fod rhan o'r blwch sain wedi datod gellir edrych i fol y delyn, a gweld y barrau pren a oedd yn cynnal y seinfwrdd. Gwelir y barrau hyn hefyd yng ngweddillion telyn o Lanofer sydd ym meddiant Amgueddfa Werin Cymru, Sain Ffagan, ynghyd ag esiampl o lorf y delyn.

Yn ychwanegol at yr enghreifftiau hyn, rhydd hen luniau o delynau Llanofer hefyd syniad ynghylch y defnydd a wnaed o'r offerynnau a'u gwedd gyffredin. Maent yn gymorth mawr wrth geisio ail-greu hanes y traddodiad o greu telynau ar yr ystâd. Roedd y traddodiad hwnnw, er na ŵyr neb ryw lawer yn ei gylch heddiw, yn amlwg yn un byw ar un adeg, ac mae'n debyg i delynau teires Llanofer gyrraedd pob rhan o Gymru. Yn bennaf oll, roedd y traddodiad o wneud telynau yn Llanofer yn goron ar ymdrechion Augusta Hall. Cefnogodd delynorion mewn amrywiol ffyrdd, trwy gadw telynorion teulu, cynnig ysgoloriaethau a chyflwyno telynau teires. Corfforir ei nawdd, fodd bynnag, yng ngwaith y gwneuthurwyr fu'n creu esiamplau o'r offeryn a garai gymaint, a'r offeryn fu'n ganolbwynt i weithgareddau ei bywyd. Drwy hyn hefyd cyfoethogwyd y traddodiad Cymreig o greu telynau teires a sicrhawyd parhad iddo mewn cyfnod go fregus.

---

[1]ROBERTS, Ellis: *Manual or Method of Instruction for Playing the Welsh Harp* (Llundain & UDA 1903) t. 10.

[2]WILLIAMS, J.: *The Literary Remains of the Rev. Thomas Price, Carnhuanawc* (Llanymddyfri, 1855) cyf. 2, t. 129.

[3]Gweler Pennod 3.

[4]WILLIAMS, J.: *op. cit.* t. 379.

[5]EDWARDS, H. T.: *Gŵyl Gwalia* (Llandysul, 1980) t. 196.

[6]Ceir cyfeiriad at hyn yn: EVANS, D.E.: 'Miss Maria Jane Williams' *Y Cerddor* cyf. 3 rhif 28, Ebrill (Wrecsam, 1891) t. 42.

[7]Gweler Pennod 4 a 5.

[8]Crybwyllir dau reswm dros ychwanegu'r cyfenw 'Jones' at enw John Wood: fe'i hychwanegwyd naill ai am i'w fam ei ddymuno neu am i'r telynor gael ei fagu am gyfnod gan ei fodryb Alabaina Jones.

[9]JARMAN, E. ac A. O. H.: *Y Sipsiwn Cymreig* (Caerdydd, 1979) t. 71, geiriau John Sampson.

[10]BRADNEY, Syr J.: *A History of Monmouthshire* (London, 1992) cyf. 1 rhan 2b t. 394.

[11]WILLIAMS, J.: *op. cit.* t. 409.

[12]WILLIAMS, J.: *ibid.* t. 409.

[13]Llsgr. D. 1210.494 a D. 1210.495, Swyddfa Gofnodion Gwent.

[14]Llsgr. 784.5p Ab37, Amgueddfa Werin Cymru.

[15]RODERICK, A.(gol.): *Travels in Gwent* (Casnewydd, 1992) t. 107. Roedd Mrs Richards, erbyn hyn, yn 95 oed, ac efallai y dylid ystyried y posibilrwydd nad oedd ei chof gystal ag y bu.

[16]FRASER, M.: 'The Prince of Orange visits Llanover' *Presenting Monmouthshire* (Newport, 1962) cyf. 13 t. 42.

[17]THOMAS, J.: 'The Harps and Harpers of Gwent and Morgannwg', *Cambrian Journal* (Llundain, 1855) cyf. 2, t. 199.

[18]HEN, Idwal: 'Y Delyn Gymreig', *Cerddor y Cymry*, rhif 104, Hydref (Caernarfon, 1869) t. 76.
[19]Gweler Pennod 3.
[20]Gweler Pennod 3.
[21]Gweler Pennod 3.
[22]Mewn adroddiad o Eisteddfod Cymreigyddion y Fenni Hydref 12 a 13, 1853, (o'r 'Carnarvon and Denbigh Herald' yn llsgr. 13185E LLGC) ceir amrywiad ar ei enw. Ar dudalen 18 fe'i gelwir yn 'Walter Watkins, the Llanover Harper', ac ar dudalen 19 cyfeirir at 'Watcyn Watkins, Llanover family harper'. 'Watkin Watkins' a ddyfynnir gan Ann Rosser yn *Telyn a Thelynor* (Caerdydd, 1981) t. 114 ond 'Walter Watkins' y'i gelwir ar negydd 37.11 AWC.
[23]Cyfrif 1851, 'Llanover Lower', Rîl 7, Llyfrgell Casnewydd.
[24]Nodir y dyddiadau hyn yn 'Index to Monumental Inscriptions' a argraffir gan 'Gwent Family History Society', cyfrol Eglwys St. Bartholomew, (Swyddfa Gofnodion Sir Gwent) 1987. Mae'r dyddiadau hyn yn fwy penodol na'r rhai a nodir mewn ffynonellau eraill (*Telyn a Thelynor* (Caerdydd, 1981) t. 123 ac AWC F72.59/2).
[25]Gweler Pennod 3, cystadlaethau 1883 a 1885.
[26]Llsgr. D. 1210 494 a D. 1210 495, Swyddfa Gofnodion Gwent.
[27]Gweler Pennod 6.
[28]HARE, A. J. C.: *The Story of My life*, cyf. 5 (Llundain, 1900) tt. 5-6.
[29]Llsgr. Caerdydd 4.644 Llyfrgell Sir Caerdydd, cofnodion Dydd Nadolig 1876.
[30]Llsgr. D. 1210 820/2 Swyddfa Gofnodion Gwent.
[31]*ibid.* llythyr dyddiedig Mai 2 1884.
[32]*ibid.* llythyr dyddiedig Mai 10, 1884, a '(copy)' yn deitl iddo.
[33]Anhysbys, 'Welsh Concert with competition of harpers of North and South Wales', *The Cambrian*, Hydref 2 (Abertawe, 1885) t. 6.
[34]Anhysbys: 'Eisteddfod Gymreig y Cymry' *Baner ac Amserau Cymru* Medi 8 (Dinbych, 1886) t. 11.
[35]Llsgr. D. 1210 824 Swyddfa Gofnodion Gwent.
[36]Gweler Pennod 3 a 6.
[37]*ibid.* Yr un llawysgrifen a geir yn y ddau ddatganiad.
[38]Gweler Pennod 3 a 6.
[39]*op. cit.* Anhysbys: 'Welsh Concert with competition of harpers of North and South Wales', t. 6.
[40]*op. cit.:* Llsgr. Caerdydd 4.644. Sylwer mai 'ab Iago' yw'r cyfenw yma, nid 'ab Ioan' fel yn y datganiadau. Defnyddir y ddau gyfenw yn y cofnodion.
[41]*ibid.* 1876 t. 2.
[42]*op. cit.*, Llsgr. Caerdydd 4.646.
[43]Gweler 'Welcome Home to Cambrian Officers at Llanover' *Western Mail,* Medi 17 1885, llsgr. 13185E LIGC t. 115b.
[44]Gweler Pennod 3.
[45]GRIFFITH, R.: *Llyfr Cerdd Dannau* (Caernarfon, 1913) t. 217.

[46]Llsgr. D.1210.818, llythyrau dyddiedig Mehefin-Gorffennaf 1880. Swyddfa Gofnodion Gwent.
[47]Llsgr. D.1210.819, llythyr dyddiedig Rhagfyr 1881. Swyddfa Gofnodion Gwent.
[48]*op. cit.* Llsgr. D. 1210.818. llythyr dyddiedig Mehefin 8, 1880, oddi wrth aelod o staff y Llys at Carl Engel.
[49]*op. cit.* Llsgr. Caerdydd 4.644.
[50]Nodir y dyddiadau hyn yn 'Index to Monumental Inscriptions' a argraffir gan 'Gwent Family History Society', cyfrol *United Reformed Church, Llanofer*. 1987-8 (Swyddfa Gofnodion Gwent). Priododd Elias Francis ag Elizabeth Powell, Parc Letus ac yna Jane (nee Isaac) Morgan, Highmead.
[51]*op. cit.* Llsgr Caerdydd 4.644.
[52]Diolch i Mrs D. Francis o Dre'r-gaer, Gwent, am ei chymorth. Yn ychwanegol at yr uchod datgelwyd mai morwyn bersonol i Augusta Hall oedd chwaer Elias, Elizabeth Francis (1839-1897). Bu farw hithau yn Llys Llanofer. John Francis (1789-1872) oedd eu tad, ac ymddengys 'John Francis a'i ferch' yn rhestr Nadolig 1870 o dan 'Seiri Coed' (*op.cit.* Llsgr. Caerdydd 4.644).
[53]Yn ôl Mrs D. Francis, Tre'r-gaer.
[54]Stori lafar gan Dr Emrys Lloyd Davies, Tre'r-gaer, Gwent.
[55]Gweler Pennod 3.
[56]Anhysbys: 'Cystadleuaeth y Delyn Gymreig yn Llanofer' *Y Cerddor Cymreig*, Tachwedd 1 (Caernarfon, 1869) rhif 105 t. 83.
[57]Ar y tabl a geir ar t. 50 nodir gwybodaeth am delynau Bassett Jones, John Richards a thelynau Llanofer. Daw'r manylion am y ddwy gyntaf o Ann Rosser *Telyn a Thelynor*, tt. 22-3. Casglwyd y wybodaeth am delyn Llanofer gan Ann Griffiths ac E. Lloyd Davies, Tre'r-gaer. Gosodir y manylion am y tair telyn ochr yn ochr er mwyn eu cymharu.
[58]Gweler y tabl ar t. 50.
[59]Gweler Pennod 3.
[60]Hanes gan Ann Griffiths, Tre'r-gaer.

3

Nawdd Cyhoeddus

Bu'n glod i'n heisteddfodau, – dirion un,
Drwy'i nawdd am flynyddau;
Tra'i greddf ydoedd trugarhau
Yn ei hoes wrth ein heisiau.

Dewi ab Iago

Bu nawdd Augusta Hall o fewn i furiau Llys Llanofer yn gyfraniad pwysig i hanes y delyn deires yng Nghymru, ond yr un mor allweddol fu'r nawdd cenedlaethol a gafwyd ganddi. Arferai gefnogi'r delyn a thelynorion teires ledled Cymru, ac un agwedd ar y gefnogaeth honno oedd iddi roi telynau i delynorion fel arwydd o'i gwerthfawrogiad o'u hymroddiad i'r offeryn. Derbyniodd John Roberts, 'Telynor Cymru' (1816-1894) delyn ganddi:

> The Right Hon. Lady Llanover; Lady Florentia Hughes, Kinmel; A. J. Johns, Garthmyl; T. L. Lloyd, Nant Gwyllt; as a token of their esteem for his exertions in adhering to the National Instrument of his Country.[1]

Telynor nodedig o linach y sipsiwn Cymreig oedd John Roberts. Arferai ymweld â Llanofer a chartrefi'r bonedd yn rheolaidd, a châi ef a chrwydriaid eraill groeso mawr. Enillodd delyn Tredegar yn Eisteddfod Cymreigyddion y Fenni ym 1842, yn ogystal â'r brif wobr yno ym 1848, ac o'r oherwydd byddai teuluoedd blaenllaw'r gymdogaeth yn gyfarwydd iawn ag ef:

> Among numerous gentleman's houses which I have been in the habit of playing my harp at (in North and South Wales) I must

> give the credit to a few Families that noticed me most and who I have been playing longest for:–
> Among who are the Kinmell Family… Gregynog… The Earl of Denbigh… The Right Honr. Lady Llanover…[2]

Achubai Arglwyddes Llanofer ar y cyfle hefyd i gyflwyno telynau i unigolion dylanwadol yr oes, gan obeithio y byddent hwythau yn eu tro yn ymserchu yn yr offeryn. Cyflwynwyd telyn deires i Albert, Tywysog Cymru gan delynorion Augusta Hall ar Orffennaf 27, 1843. Roedd yr Arglwyddes yn gefnogol i'r fenter, a danfonodd John Jones, ei thelynor teulu a'i ddisgybl Thomas Gruffydd i berfformio ym Mhalas Buckingham ger bron y Teulu Brenhinol. Bu'r ddau'n canu alawon Cymreig ar eu telynau ac ar y delyn deires a gyflwynwyd i'r Tywysog. Telyn o wneuthuriad Bassett Jones, Caerdydd oedd y delyn honno, yn seiliedig ar gynllun Thomas Price,[3] ac yn ôl bywgraffydd Carnhuanawc, syniad y gwneuthurwr oedd cyflwyno'r offeryn i aelod o'r teulu brenhinol.

Bu'r eisteddfodau a'r cystadlaethau'n gyfrwng pwysig hefyd i nawdd a dylanwad Arglwyddes Llanofer, a thrwyddynt ymdrechodd i ailorseddu'r hen delyn deires ar lwyfannau'r genedl. Gwelir iddi barhau'n gyson i roi telynau, i gynnal cystadlaethau a mynegi'i barn yn groyw, drwy gydol y bedwaredd ganrif ar bymtheg. Ym 1834 y dechreuodd yr hybu Llanoferaidd na fynnai unrhyw ganlyniad ond gweld gwireddu dymuniadau Augusta Hall. Roedd hyn i barhau yn ddi-dor am dros hanner can mlynedd.

Rhagredegwyr i Eisteddfod Genedlaethol Cymru oedd Eisteddfodau Cymreigyddion y Fenni a gynhelid rhwng 1834 a 1853, ac ynddynt hwy y cafodd Arglwyddes Llanofer un o'i chyfleoedd cyntaf i hyrwyddo'r delyn Gymreig. Y delyn deires wnaethpwyd yn offeryn swyddogol i'r cylchwyliau, ac ni roddid lle i'r delyn bedal: y delyn deires oedd yr offeryn Cymreig, ac ni ddylid cefnogi'r offeryn estron. Roedd Cymdeithas Cymreigyddion y Fenni'n frith gan gefnogwyr y delyn deires ond Augusta Hall yn ddi-os oedd yr arweinydd naturiol, a hi, yn fwy na thebyg, oedd y tu ôl i'r bwriad i boblogeiddio'r offeryn, er mai Carnhuanawc oedd ffynhonnell y syniad gwreddiol. Roedd yr ysgolheigion cefnogol, fel Carnhuanawc a'i debyg, yn allweddol bwysig, ond dibynnai Cymreigyddion y Fenni yn drwm ar unigolion fel Gwenynen Gwent oedd yn wraig y pasiant a'r hwyl.

Cynhelid cyfarfodydd llawn miri yn y Fenni ac fe gâi'r delyn deires le anrhydeddus ynddynt ac yn y gorymdeithiau agoriadol. Byddai nifer o delynorion yn bresennol yn y gorymdeithiau a'r cyfarfodydd cystadleuol, a chynigid telynau'n wobrau i'r cystadleuwyr. Cyfyngid ar gwmpas cystadlaethau mewn amrywiol ffyrdd, er enghraifft cafwyd cystadlaethau i wragedd, rhai i wŷr, eraill i drigolion Gwent a Morgannwg, a hefyd i'r sawl nad enillodd delyn o'r blaen. Ceid cystadlaethau canu gyda'r tannau yn null y De a'r Gogledd yn ogystal. Yn ôl tystiolaeth rhaglenni'r Eisteddfodau[4] gwelir bod Augusta a Benjamin Hall yn arfer cyfrannu at y gwobrau, ond nid oedd eu cyfraniad yn un anghyffredin o'i gymharu â rhai eu cyfeillion. Ym 1837 a 1838 rhoddodd Benjamin Hall wobr i'r gantores orau gyda'r delyn 'yn ôl arfer Gwent a Morganwg', ac ym 1848 cyflwynodd ef a'i wraig delyn deires i'r telynor dall gorau. Mae'n dra thebygol, fodd bynnag, mai dylanwad Augusta Hall fu'n sail i gyfraniadau'r bonedd, am iddi allu cymell unigolion i fod yn hael. Gwyddai fod ganddynt fodd i gefnogi'n ariannol, ac i'r bonedd uniaith Saesneg hynny pa well ffordd o ddangos cenedlgarwch na chefnogi traddodiad offerynnol na feddai ar ffin ieithyddol? Cysylltir enwau teuluoedd cefnog y cyfnod â thestunau penodol yn rhaglenni Eisteddfodau'r Fenni, gan gynnwys teuluoedd Tredegar, Llanarth a Chefnmabli.

Telyn-wneuthurwr swyddogol Cymdeithas Cymreigyddion y Fenni oedd Bassett Jones (1809-1869) a aned yn Sain Nicolas, ger Caerdydd, ac a symudodd i'r ddinas ei hun ym 1824. Ef wnaeth ganran helaeth o'r 37 o delynau a gynigid yn wobrau rhwng 1834 a 1853. Cefnogwyd y gwneuthurwr yn fawr gan y comisiynu, gydag Augusta Hall yn chwarae rhan allweddol yn nhrefnu'r nawdd ar ei gyfer. Enw arall arno oedd 'Ieuan Delynawr' ac ym 1845 fe'i penodwyd yn brif wneuthurwr i'r Frenhines Victoria a Thywysog Cymru. Wedi i John Richards, Llanrwst (1711-1789), gwneuthurwr enwocaf Cymru farw, parhaodd Bassett Jones y traddodiad. Ymddengys mai John Richards a luniodd delyn John Parry 'Ddall' a bu'n gweithio yn Llanrwst, canolfan y gwneuthurwyr telyn yn y Gogledd, cyn symud i Blas Glanbrân lle y cyflwynodd y delyn deires i Dde Cymru.

Eisteddfod Cymreigyddion y Fenni

Ni chafodd Bassett Jones hyfforddiant fel gwneuthurwr, ond wedi gwylio cyweirwyr telyn eraill wrth eu gwaith cododd yr awydd arno i wneud telyn. Dysgodd grefft saer a datgysylltodd hen delyn er mwyn gweld ei chynllun. Mae'n debyg i waith John Richards ddylanwadu arno ond mabwysiadodd welliannau ei hun. Y gred gyffredin ynghylch

Bassett Jones oedd mai gwneuthurwr o safon dda ydoedd, fel y crybwyllir yn y dyfyniad canlynol:

> And there is cause for rejoicing that Basset Jones, of Cardiff, has succeeded in constructing triple harps so melodiously sweet, that they can hereafter be tolerated and eulogised in the same room with the pedal harp.[5]

Gan gofio i Augusta Hall ei hun gefnogi'r gwneuthurwr o Gaerdydd, mae'n syndod darllen mewn llythyr oddi wrthi fod Thomas Gruffydd wedi cyfeirio at:

> miserable workmanship of Basset Jones last prize Harp (won by him in 1837) & now quite useless... that such bad wood & workmanship was really a complete loss – as he would not now play a note on the harp.[6]

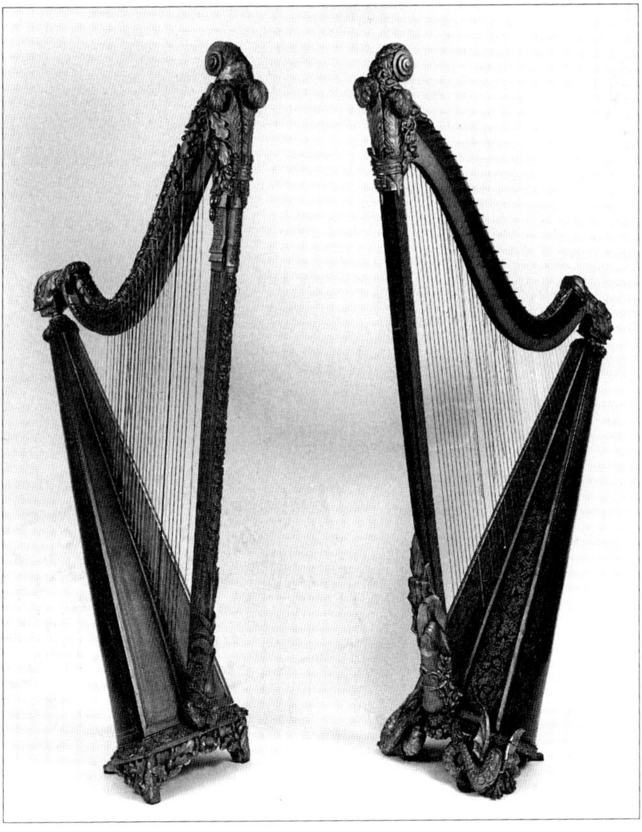

Telynau addurniedig Bassett Jones

Mynegodd yr Arglwyddes ei phryder a'i gofid na wyddai am hyn yn gynt. Roedd hi'n dibynnu'n fawr ar farn eraill ynghylch ansawdd a chrefftwaith telynau teires.

Daeth gweithgarwch Cymreigyddion y Fenni i ben ym 1853, a chaewyd cyfrifon y Gymdeithas am fod y gefnogaeth iddi'n dirywio. Dau reswm dros hyn oedd marw Carnhuanawc, y ffynhonnell wybodus, ym 1848 a'r cynnydd fu yng ngweithgareddau Seisnig Cymreigyddion y Fenni a'r gymdogaeth leol. Bu farw cyfeillion agos yn ail hanner y ganrif hefyd. Er hynny, nid ofnai Augusta Hall sefyll yn erbyn y llif, a hyd yn oed yn wyneb yr holl newidiadau o'i hamgylch, daliai'n ddigyfaddawd. Gwelwyd yr Arglwyddes yn ymdrechu i ddod o hyd i ddulliau newydd i sicrhau parhad i'r delyn deires.

Trefnu cyfarfod yn null Cymreigyddion y Fenni wnaeth Gwenynen Gwent yn Llanofer ar Hydref 24, 1863. Codwyd pabell ar fferm Brynhyfryd, ystâd Llanofer, ac yno y cynhaliwyd y cystadlaethau. Cerddoriaeth Gymreig oedd uchafbwynt y cyfarfod, gyda'r delyn yn chwarae rhan flaenllaw, a chafwyd nifer o gystadlaethau canu gyda'r tannau yn ogystal. Cynigiodd cant a hanner o gystadleuwyr am y pymtheg ar hugain o wobrau, a chafodd yr enillwyr gyfle arall i berfformio mewn cyngerdd gyda'r nos.

Cystadleuaeth i'r delyn deires yn unig gafwyd yn Llanofer ar Hydref 14 1869, pan wahoddwyd telynorion i ymgynnull yng nghartref Gwenynen Gwent. Yn ei haraith amlinellodd yr Arglwyddes ddiben ei gwahoddiad:

> Diben penodol fy ngwahoddiad i chwi, delynorion Cymru, i'r gystadleuaeth hon yw adfywio, ac adferu, a chefnogi yr offeryn cerdd cenedlaethol ardderchocaf yn yr holl fyd. Y mae yn ddrwg genyf ddyweyd fod ein telyn, drwy yr anghefnogaeth a dderbyniodd yn ystod y pymtheg neu yr un mlynedd ar bymtheg diweddaf, wedi myned yn hytrach yn ddisylw...[7]

Roedd gan yr Arglwyddes fwriad pendant: dymunai roi hwb i'r delyn deires wedi cyfnod pan fu telynorion Cymru'n troi eu cefnau arni. Rhoddwyd gwahoddiad i delynorion 'Cymreig' ddod i Lanofer i gystadlu am delyn deires, gyda llety tri diwrnod yn rhad ac am ddim. Roedd gan yr

Arglwyddes un rheol, fodd bynnag: ni allai neb fu'n canu'r delyn bedal gystadlu. Gyda'r delyn fecanyddol yn cynyddu mewn poblogrwydd mae'n bosibl y bu hyn yn faen tramgwydd i rai telynorion. Ni allai cefnogaeth wan ar ran y Cymry'n gyffredinol, fodd bynnag, ynghyd â newidiadau'r oes ei darbwyllo i roi'r gorau i'w delfryd. Cadwyd at y rheol a diarddelwyd un cystadleuydd am iddo ar un adeg droi oddi wrth y delyn deires at y delyn bedal. Diarddelwyd un arall am na feddai ar delyn deires ar wedd Gymreig.

Wyth o delynorion ddaeth i Lanofer y flwyddyn honno, pedwar o'r De a phedwar o'r Gogledd. Y darn gosod oedd 'Ymgyrch Gwŷr Harlech yn y dull Cymreig yn argraffedig',[8] a'r beirniad oedd Thomas Gruffydd, telynor y llys, gyda thelynor Syr Hugh Williams, Bodelwyddan, yn bresennol fel symbol patriarchaidd. Abraham Rhys o Ferthyr Tudful oedd yn fuddugol a derbyniodd ef delyn deires a wnaethpwyd yn seiliedig ar gynllun John Richards. Yn ôl arfer Cymreigyddion y Fenni rhoddwyd gwobrau gan gyfeillion cefnog Augusta Hall, megis teulu Dolaucothi a Maria Jane Williams, Aberpergwm. Dyfarnwyd ail a thrydedd wobr ariannol i Robert Jones a Lewis Williams, Pontllan-fraith.

Mae'n rhaid bod Augusta Hall wedi cael ei bodloni'n fawr ganddynt, oherwydd rai misoedd yn ddiweddarach derbyniodd y ddau ohonynt delynau teires yn rhodd oddi wrthi:

> Lady Llanover addressed each recipient in Welsh, and concluded by presenting two new triple-stringed harps to Robert Jones of Bala (North Wales), and Lewis Williams of Pontllanfraith (Gwent, South Wales), to whom they had been promised at the competition of Welsh harpers at Llanover last year.[9]

Cafwyd anerchiadau gan unigolion, gan ddechrau gydag Augusta Hall. Di-flewyn-ar-dafod oedd hi wrth amddiffyn telyn ei gwlad:

> Nis gellir cael unrhyw offeryn cenedlaethol i'w gymharu o ran nerth a chynghanedd i'r delyn deir-rhes, ac ar yr un pryd yn ddigon ysgafn i'r chwareuydd allu ei gario am filldiroedd. Rhaid cael 'asyn a char llusg' i ddwyn y delyn droedsain o'r

> naill fan i'r llall, gan mor llawn ydyw o haiarn a phres; ond y delyn deir-rhes yw telyn ein gwlad a'n cenedl ni... ac ni ellir chwareu yn gywir gyfansoddiadau tra rhagorol hen alawon Cymru ar unrhyw delyn ond yr hon sydd a thair rhes o dannau iddi, i ba un y cyfansoddwyd hwynt.[10]

Aeth yn ei blaen i feirniadu'r Eisteddfod Genedlaethol:

> Ni ddywedaf lawer am y cyfarfodydd hyny, a gamenwir yn awr yn Eisteddfodau, pa rai sydd wedi bod mor awyddus i anghefnogi y delyn Gymreig, a phethau Cymreig ereill; ond yr wyf yn meddwl y buasai y ffug-eisteddfodau yn gwbl ddiddylanwad pe buasai telynorion Cymru yn cydsefyll yn ddiysgog, a pheidio cymeryd eu hudo i adael eu telyn genedlaethol.[11]

Gwelai fod nifer yn rhoi'r gorau i'r offeryn, a'r Cymry'n ymdebygu i'r Iddewon a grogodd eu telynau ar yr helyg ym Mabilon gynt. Dymuniad ei chalon oedd gweld yr hen delyn yn ymddangos ar aelwydydd Cymru, law yn llaw â'r iaith Gymraeg a'i halawon gwerin.

Ategwyd gobeithion Augusta Hall yn anerchiadau ei chyfeillion a oedd yn bresennol. Yn eu mysg roedd Brinley Richards (1819-1885) a fu'n llythyru'n gyson yn y wasg yn ystod y cyfnod hwn,[12] ac ymhelaethodd yntau ar y modd y bu'n pryderu ynghylch y diffyg cefnogaeth i'r offeryn cenedlaethol ac i'r alawon Cymreig. Yn ogystal â'r sylwadau arferol cafwyd cyfeiriadau at y traddodiad clasurol, a defnydd Handel o'r delyn deires. Cyfeiriodd hefyd at ymwelydd pwysig yn eu plith a gynrychiolai'r traddodiad hwnnw, sef Herr Sjoden, o Sweden, telynor na wyddys ryw lawer amdano. Pwysleisiwyd y ffaith fod y tramorwr, er mai canu'r delyn bedal a wnâi ef, wedi ei swyno gan y delyn deires. Ymddengys hyn fel cynllun bwriadol ar ran Augusta Hall i wneud yn fawr o ddiddordeb telynor estron wrth geisio ennyn cefnogaeth y brodorion. Nid cystadleuaeth yn unig a gafwyd yn Llanofer y diwrnod hwnnw, ond penderfyniad gan ddyrnaid o ffyddloniaid i ymdrechu'n galed i achub telyn eu gwlad:

> Gobeithiai (Brinley Richards) y byddai i'r symudiad a

ddechreuwyd mor llwyddiannus yno y dydd hwnw fod yn ddechreuad cyfnod newydd yn hanes y delyn Gymreig.[13]

Selogrwydd digyfnewid Augusta Hall a barodd i'w haelioni droi'n adwaith ystyfnig adeg Eisteddfod Genedlaethol Cymru, Caerdydd, 1883. Roedd y Pwyllgor Cerdd eisoes wedi derbyn ei chynnig o roddion ariannol tuag at wobrau cystadlaethau'r delyn deires, ond ddau fis yn ddiweddarach fe'i gwrthodwyd. Augusta Hall a'i hamodau caeth oedd y rheswm pennaf am hyn. Dymunai i'r hysbyseb ar gyfer y cystadlaethau ymddangos yn y rhestr wobrau a'r rhaglen swyddogol ac roedd am i enw'r Dr Joseph Parry (1841-1903) ymddangos ar restrau swyddogol y beirniaid. Dymunai hefyd i gystadlaethau'r delyn deires ddigwydd ar ddeuddydd yn olynol, gydag un o'r rheini'n ddyddiau o dan lywyddiaeth Ardalydd Bute. Gwrthodwyd cynnig yr Arglwyddes o nawdd ariannol am mai cyfrifoldeb y pwyllgor oedd trefnu'r cystadlaethau a dyna fu diwedd ar gyfraniad Augusta Hall i'r ŵyl. Roedd hi wedi colli ei ffydd yn y gyfundrefn fel ag yr oedd:

> The Eisteddfod had her ladyship's most cordial support when it was the true Welsh Eisteddfod, but not when it was of the mongrel sort that had recently taken place at Cardiff (laughter and applause.) But she could not look with toleration upon such a fellow as 'Dic Shon Dafydd', who was half ashamed of his mother, his language, his harp, and the religion of his country (applause).[14]

Arallgyfeirio ei nawdd wnaeth Gwenynen Gwent wedi'r anghytundeb gyda phwyllgor cerdd yr Eisteddfod yng Nghaerdydd, ac ymhen dim o dro trefnwyd dwy gystadleuaeth o fri ar gyfer telynorion y delyn deires. Ar 26 Hydref 1883 cafwyd y gyntaf o gystadlaethau Arglwyddes Llanofer ac Ardalydd Bute yn Neuadd Albert, Abertawe. Bwriad y gystadleuaeth oedd hybu ac adfywio'r delyn deires, a chynigiwyd gwerth deugain punt o wobrau. Dilynai'r gystadleuaeth gyngerdd Cymreig yr Ardalydd yng Nghastell Caerdydd ym mis Awst 1883, pan gafwyd perfformiadau o alawon Cymreig a datganiadau gan Gruffydd 'Llanofer'. Adwaith yn erbyn Seisnigrwydd yr Eisteddfod Genedlaethol oedd y cyngerdd hwnnw a gafodd sêl bendith Augusta Hall a pharhad i'r adwaith oedd cystadlaethau'r ddau yn Abertawe.

Nid oedd Arglwyddes Llanofer ei hun yn bresennol, ond eto i gyd sicrhawyd bod digon o foneddigion ac ysgolheigion yno i osod stamp y dosbarth uwch ar draddodiad y delyn deires a gweithgareddau'r noson. Mrs. Augusta Herbert, ei merch a'i hwyr y Cyrnol Ivor Herbert, fu'n cynrychioli teulu Llanofer y noson honno. Dyrchafwyd y delyn deires i'r entrychion gan areithiau unigolion, a chlywyd unwaith yn rhagor y rhesymau dros achub yr offeryn cenedlaethol: roedd yn rhad, yn gludadwy, ac arno y cenid alawon Cymru. Derbyniodd Gwenynen Gwent hithau glod aruchel y gynulleidfa am ei holl ymdrechion:

> Lady Llanover – (applause) – has devoted not only money with a liberality which is really noble, but has also devoted time and attention to the prevention of what we have said would be a scandal to the Welsh nation. It is to her our gathering is due. She has inspired it, and she has with noble liberality contributed one half of the prizes which will be given to-night. She appealed to the sentiments of the noble Marquis of Bute – (applause) – and, he with his usual feeling for all that is ancient and all that is good, at once responded and met her half way, and gave her a most liberal donation towards the prizes of to-night. (Applause)[15]

Os hybu'r delyn deires trwy gefnogi'r telynorion teires a thynnu sylw atynt oedd bwriad yr Arglwyddes, yna bu ymdrech y noddwraig yn llwyddiannus wrth ystyried nifer y cystadleuwyr. Daeth un ar ddeg o delynorion ynghyd, gan gynnwys y Llanoferiaid a meibion John Roberts, 'Telynor Cymru'. Y Dr Joseph Parry oedd y beirniad, a gwobrwywyd y telynorion ganddo. Y telynor gorau ar y deires oedd Albert Roberts, Y Drenewydd, mab John Roberts, 'Telynor Cymru', yn gydradd ail oedd Ioan ab Ioan, Llanofer a Robert Jones, Llannerch-y-medd. S. B. Richards, merch Thomas Gruffydd oedd yn fuddugol ar gystadleuaeth canu hunan-gyfeiliant i wragedd, yn ogystal â'r unawd telyn. Gwraig arall o gyffiniau'r plas aeth â'r ail safle, gyda gwraig o Raglan yn drydydd. Rhoddwyd gwobrau ariannol ychwanegol i'r telynorion aflwyddiannus a haeddai anogaeth, gan gynnwys Ernest (1862-1962), Willie (g. 1865), Reuben (1855-1947) a John R. Roberts (g. 1853), meibion John Roberts, 'Telynor Cymru', ynghyd â John Evans, 'Telynor Teifi', Llanofer. Roedd telynorion eraill yn bresennol hefyd, gan gynnwys Gruffydd, telynor Llanofer a fu'n arwain côr o delynau mewn perfformiad o alaw Gymreig.

Ddwy flynedd yn ddiweddarach cafwyd cystadleuaeth arall o dan nawdd Arglwyddes Llanofer. Roedd pum cant o bobl yn bresennol ar yr achlysur hwnnw, gan gynnwys y cynulliad cyfarwydd o foneddigion. Yr Anrhydeddus Mrs. Herbert, wyres ac wyrion Gwenynen Gwent a'i cynrychiolodd bryd hynny. Yn ôl adroddiad y wasg parodd y gystadleuaeth ar Fedi 24, 1885 gryn fwynhad i'r gynulleidfa.[16] Y Dr Joseph Parry oedd y beirniad y tro hwn hefyd, ac unwaith eto daeth nifer da o delynorion ynghyd. Roedd ei sicrhau ef fel beirniad mewn Eisteddfod yn atyniad i gystadleuwyr gan ei fod yn gerddor o statws a phrofiad. Alawon Cymreig, gan gynnwys 'Serch Hudol', 'Nos Galan' a 'Chodiad yr Ehedydd' oedd y darnau prawf ar gyfer y cystadlaethau, gyda gwobrau ariannol yn cael eu cynnig. Ymysg y pedwar ar ddeg cystadleuydd ymddengys enwau cyfarwydd William Roberts, Reuben Roberts, Robert Jones, S. B. Richards ac Ioan ab Ioan. Ymhlith yr enwau anghyfarwydd gwelir William Jones (1873-1914, brawd Robert Jones) Robert McKirdy[17] a Charles Wood. Mae'n bur debyg mai un o dylwyth Abram Wood oedd Charles neu Charlie Wood (1860-1932), mab i gyfyrder John Roberts, 'Telynor Cymru'. Fe'i magwyd pan oedd yn llanc gan John Roberts, ac arferai berfformio gydag ef. Canlyniad i haelioni Augusta Hall oedd presenoldeb telynor arall a dderbyniodd ysgoloriaeth ganddi, sef Edward Davies, 'Taibach', ynghyd ag ysgolor posibl arall o'r enw Dafydd Jones, 'Caergybi'.

Trefnwyd cystadleuaeth ar gyfer telynorion teires o dan ugain oed, un i rai nad enillodd wobr eisoes mewn cystadleuaeth, ac un arall i rai nad enillodd fwy nag un wobr yn y fath gystadleuaeth. Rhoddai hyn gyfle i'r chwaraewyr ifanc a dibrofiad, a bu'n gyfrwng iddynt ennill hyder a datblygu eu dawn. Roedd Thomas Gruffydd yn bresennol, a chanodd yntau ddeuawd gyda'i ferch. Yn ogystal â hyn perfformiodd côr telynau Llanofer yr alaw 'Llanofer' a gyfansoddwyd gan John Parry, 'Bardd Alaw', hanner canrif ynghynt.[18] Dengys hyn fod arfer yn Llanofer i'r telynorion gydchwarae yn ogystal â pherfformio ar wahân. Yn ôl disgrifiadau'r wasg[19] gwelir mai achlysuron o safon uchel ac o fudd mawr i'r cystadleuwyr oeddynt. Gwnaethpwyd pob ymdrech i roi cyfle i'r telynorion, a rhoddwyd statws i'r cynulliad, gyda'r Dr Joseph Parry yn bresennol unwaith eto. Rhaid bod Augusta Hall yn eithriadol o falch o'i gefnogaeth yn enwedig yn wyneb brad John Thomas, 'Pencerdd Gwalia'.

Telynorion a nawdd Augusta Hall roddodd yr ymdeimlad o Gymreigrwydd i Eisteddfod brotest a gynhaliwyd yng Nghaerwys ym mis Medi 1886 hefyd. Fe'i trefnwyd gan Gymry oedd wedi syrffedu ar Seisnigrwydd yr Eisteddfod Genedlaethol, a thuedd y pwyllgorau bryd hynny i gefnogi cantorion a cherddoriaeth Seisnig. Er nad oedd yr Arglwyddes yn bresennol yn ystod y tridiau yng Nghaerwys, roedd ei haelioni'n bwnc trafod unwaith eto. Danfonodd wyth o delynorion ar ei thraul ei hun i ganu telynau teires (Thomas Gruffydd ynghyd â'i ddisgyblion), ac un ar bymtheg o gantorion i ganu alawon Cymreig o dan arweiniad Joseph Parry. Gwenynen Gwent ac Ardalydd Bute gyfrannodd y deugain punt o wobrwyon a gynigiwyd mewn cystadlaethau ar gyfer y delyn deires, a rhoddwyd can punt gan Wenynen Gwent i gefnogi'r Eisteddfod.

Ar yr hysbyseb lle nodir testunau'r cystadlaethau gwelir nad oedd modd cyfaddawdu. Ar ddiwedd y daflen ceir:

> Ni chaniateir i neb ymgystadlu a fu yn chwareuydd ar y Delyn Droedlenog, gan mai yr amcan ydyw adferyd i'w safle priodol offeryn cerdd y Dywysogaeth, a chefnogi diwylliant y ddullwedd bur a syml sydd yn gweddu i Gerddoriaeth Gymreig.[20]

Cyfraniad arbennig iawn wnaeth Augusta Hall i Eisteddfod Caerwys:

> Yr oedd ei charedigrwydd, ei haelioni, a'i chenedlgarwch yn cael ei werthfawrogi yn fawr gan y torfeydd oedd yn bresennol.[21]

Gwaith y Dr Joseph Parry oedd beirniadu'r cystadlaethau telyn a lleisiol, a detholwyd y darnau prawf o gasgliadau John Parry, 'Bardd Alaw'. Cafwyd chwe chystadleuaeth i'r delyn deires, gyda thri safle ym mhob un, a chystadlaethau gwahanol i delynorion De a Gogledd Cymru. Ymysg yr enillwyr yr oedd Mrs Gruffydd Richards, Robert Jones a Mr McKierdy, E. A. Williams – y cyfan ohonynt o Lanofer.

Bu o leiaf naw telynor yn cystadlu yng Nghaerwys, a derbyniodd pob un wobrau'n amrywio o bunt i dair punt ar ddeg. Yn ogystal â'r cystadlaethau canu telyn cafwyd rhai ar gyfer canu penillion, a chyngherddau o gerddoriaeth Gymreig, gan gynnwys perfformiadau cerdd dant. Perfformwyr cyson yr ŵyl oedd côr telynau Llanofer, a Thomas Gruffydd a'i ferch yn canu deuawdau. Darllenwyd llythyr oddi wrth Augusta Hall yn ystod cyfarfod olaf yr Eisteddfod, fel y gwnaethpwyd yn Abertawe ym 1883, ac ynddo hysbysodd ei bod yn cyflwyno bathodyn i'r buddugol ym mhrif gystadleuaeth yr ŵyl, ag arfbais Tywysog Cymru arno. Cafodd ganiatâd arbennig y Tywysog i wneud hyn. Prawf pellach ydi hwn o ddyfalbarhad yr Arglwyddes i sicrhau'r gefnogaeth eithaf i'w chynlluniau gan y bobl bwysicaf, ac yn yr achos hwn, derbyniodd gydweithrediad y person uchaf ei barch a'i glod. Canmolwyd yr Arglwyddes gan Mr. Gee a gredai y dylid ei galw'n 'Dywesoges (sic) Cymru'.[22]

Roedd pob un o'r achlysuron hyn yn Llanofer, Abertawe a Chaerwys yn ddigwyddiadau o bwys, ac yn goron ar holl weithgareddau Gwenynen Gwent. Er haelioni'r Ardalydd Bute a'i ran yng nghystadlaethau Abertawe a Chaerwys, Augusta Hall oedd y grym y tu cefn i'r digwyddiadau hyn. Hebddi hi mae'n lled debyg na fyddai'r delyn deires wedi derbyn y fath sylw. Ffactor bwysig yn ei chynllunio oedd presenoldeb y boneddigion a'r ysgolheigion yn enwedig y Dr Joseph Parry, y cerddor poblogaidd. Sefydlodd ef Goleg Cerdd i Gymru yn Abertawe lle'r oedd Augusta Hall wedi bwriadu ehangu ar ei nawdd cyhoeddus trwy gynnig ysgoloriaeth i'r delyn Gymreig. Ysywaeth, ni wireddwyd ei breuddwyd am na fu'r coleg yn llwyddiannus.

Trwy gyfrwng holl ymdrechion Augusta Hall i gynnal

cystadlaethau rhoddwyd cyfle i'r telynorion teires ddatblygu eu crefft a chystadlu am wobrau ariannol. Cefnogodd y traddodiad offerynnol hwn hefyd trwy ddanfon ei cherddorion ei hun i ddiddanu ac ymgeisio yn y cystadlaethau a'r Eisteddfodau a noddwyd ganddi. Yn y cyfnod ansicr hwn yn hanes y delyn deires, ymdrechodd gwraig dros ei phedwar ugain oed i sicrhau dyfodol disglair i'r delyn genedlaethol: Arglwyddes Llanofer a'i dyrchafodd i lwyfan teilyngdod.

---

[1]JARMAN, E. ac A. O. H.: *Y Sipsiwn Cymreig* (Caerdydd, 1979) t. 195.
[2]*ibid.*, t. 124.
[3]WILLIAMS, J.: *The Literary Remains of the Rev. Thomas Price, Carnhuanawc* (Llanymddyfri, 1855) cyf. 2, t. 381 (gweler Pennod 2).
[4]Llsgr. 784.5p Ab37, Amgueddfa Werin Cymru.
[5]THOMAS, J.: 'The Harps and Harpers of Gwent and Morganwg' *Cambrian Journal*, cyf. 2 (Llundain 1855), t. 196.
[6]Llsgr. 13182E II, Llyfrgell Genedlaethol Cymru. Llythyr rhif 100, dyddiedig Hydref 1839, oddi wrth Augusta Hall at Mr Daniel, Cadeirydd Cymdeithas Cymreigyddion y Fenni.
[7]Anhysbys: 'Cystadleuaeth y delyn Gymreig yn Llanofer' *Y Cerddor Cymreig* rhif 105, Tachwedd 1, 1869 (Wrecsam), t. 82. Anodd gwybod ai Cymraeg Arglwyddes Llanofer yw'r hyn a ddyfynnir.
[8]*ibid.* Mwy na thebyg o *The Welsh Harper* gan John Parry, 'Bardd Alaw'. Ei gyfrol ef ddefnyddiwyd wrth osod darnau ar gyfer cystadlaethau Eisteddfodau Cymreigyddion y Fenni.
[9]Anhysbys: 'Llanover' *Star of Gwent*, Rhagfyr 31 1870, yn llsgr. Caerdydd 4.644, Llyfrgell Sir Caerdydd.
[10]*op. cit.* 'Cystadleuaeth y delyn Gymreig yn Llanofer', t. 83.
[11]*ibid.* 'Cystadleuaeth y delyn Gymreig yn Llanofer', t. 83.
[12]Gweler Pennod 5.
[13]*op. cit.* 'Cystadleuaeth y delyn Gymreig yn Llanofer', t. 84.
[14]Anhysbys: 'Welsh harpers' competition at Swansea last night' *The Cambrian*, Hydref 26, 1883 (Abertawe) t. 8.
[15]*ibid.* t. 8.
[16]Anhysbys 'Welsh concert with competition of harpers of North and South Wales', *The Cambrian*, Hydref 2 1885 (Abertawe), t. 6.
[17]Cyfeirir at R. McKierdy, Llanofer, yn 'Eisteddfod Gymreig Y Cymry', *Baner ac Amserau Cymru*, Medi 8 1886 (Dinbych), t. 11.
[18]Gweler Pennod 5.
[19]*op. cit.* Anhysbys: 'Welsh concert with competition of harpers of North and South Wales'; ac Anhysbys: 'Welsh harpers' competition at Swansea last night'.
[20]D. 1210. 822/3, Swyddfa Gofnodion Gwent.
[21]Anhysbys: 'Eisteddfod Gymreig Caerwys' *Baner ac Amserau Cymru*, Medi 8, 1886 (Dinbych), tudalen flaen.
[22]*op. cit.* Anhysbys: 'Eisteddfod Gymreig Y Cymry', t. 11.

4

Cerddoriaeth Gymreig yn Llanofer

Llanover, llawn o afiaeth – yw'th fyrddau,
A'th feirdd, a'th gerddoriaeth;
A'th delyn, a'th hudoliaeth, – gwnei adfer
Heddyw, Llanover, ddulliau henafiaeth.

Islwyn

Y delyn deires oedd canolbwynt gweithgarwch cerddorol llys Llanofer, ond er hynny roedd yno le i agweddau eraill ar gerddoriaeth Cymru. Cynhelid traddodiadau cerddorol am flynyddoedd maith, a sicrhawyd defnydd parhaol o alawon a dawnsiau brodorol. Er mai'r Arglwyddes Greenly a Charnhuanawc fu'n ddylanwad ar Gwenynen Gwent ym maes cerddoriaeth, roedd ei diddordeb hithau yn y gelfyddyd yn un byw – roedd hi a'i gŵr yn caru cerddoriaeth yn fawr a gwyddys bod gan y ddau ddawn yn y maes.[1] Cafwyd nifer o nosweithiau cerddorol yn eu cartref pan berfformiai'r gwesteion ddarnau lleisiol ac offerynnol. Arferai Augusta a Benjamin Hall berfformio gyda'i gilydd gydag Arglwydd Llanofer yn canu i gyfeiliant ei wraig ar y delyn neu'r piano. Ni allai hi ganu unawdau, ond mae'n rhaid ei bod yn ddigon hyderus i roi datganiad offerynnol:

> Benjamin 'who had a superb voice', sang to the accompaniment of Augusta, who had no voice for singing, but 'was a delightful performer on the piano or harp.' Both had a great love for music... [2]

Derbyniodd yr Arglwyddes wersi telyn gan Elias Parish-Alvars (1808-1849), un o brif delynorion y cyfnod a astudiodd gyda F. J. Dizi, N. C. Bochsa a Theodore Labarre ac a ddatblygodd nifer o dechnegau newydd i'r dwylo a'r traed.

Gwahoddwyd cerddorion lu i'w cartrefi yn Llundain ac yn Llanofer. Ym 1830 daeth pianydd a chyfansoddwr o Awstria o'r enw Sigismund von Neukomm (1778-1858) i ymweld â hwy, a bu'n canu'r piano iddynt.[3] Roedd yn ddisgybl i Michael a Joseph Haydn ac yn gyfansoddwr toreithiog, ond mae ei waith erbyn hyn yn gwbl anadnabyddus. Roedd Neukomm hefyd yn rhan o grŵp mawr o ymwelwyr fu'n aros yn Llanofer y flwyddyn ganlynol, pan berfformiwyd cerddoriaeth bob nos. Yn ystod yr ymweliad hwnnw perfformiodd Neukomm gyfres o amrywiadau ar 'Serch Hudol' gan dalu sylw i'r traddodiad Cymreig a'r alawon cenedlaethol yn benodol.

Cynhelid cyfarfodydd hwyliog yn Llanofer ar ben blwydd priodas Benjamin ac Augusta Hall, a chafwyd achlysuron cerddorol yno yn ogystal ag yn eu cartref yn Llundain. Trefnwyd cyngherddau o gerddoriaeth Gymreig ganddynt, a gwahoddwyd llawer o westeion iddynt. Enghreifftiau o'r rhain yw'r partïon a gynhelid ym 1841 a 1843 yn Llundain, gyda John Orlando Parry'n diddanu,[4] a thelynorion teires Cymreig yn perfformio alawon gwerin. Cynhaliwyd cyngerdd arall ym 1854, gyda Thomas Gruffydd a Walter Watkin yn perfformio alawon megis 'Merch Megan', 'Gwenith Gwyn' a 'Y Ferch o'r Scêr'. Fe'i cynhaliwyd ar gyfer Arch Ddug Mecklenberg-Streilitz (?-1904) a'r Tywysog Adolphus (1848-1887). Dengys hyn eu brwdfrydedd dros boblogeiddio cerddoriaeth Cymru mewn cylchoedd bonheddig a dylanwadol.

Adeg y Nadolig a'r flwyddyn newydd cynhelid cyngherddau amrywiol yn Llanofer. Perfformid eitemau Cymreig gan y telynorion teulu, a chenid caneuon gwerin gan denantiaid am yn ail ag areithiau'r gwahoddedigion. Trefnid rhaglen ar gyfer yr hwyr a ddilynai batrwm tebyg i un Dydd Nadolig 1879:

Rhaghysbyslen

1. Cantorion yn canu gras. Iechyd da i'r Arglwyddes.
2. Gruffydd: tôn ar y delyn.

3. Iechyd da i Mr & Mrs Herbert Llanarth a'r teulu.
4. Y Parch. Evan Bevan, araith.
5. Y Parch. G. Watson araith.
6. Y Parch. D. Jones Abercarn araith.
7. Gruffydd Tôn ar y Delyn.
8. Y Parch. J. Richards, Saron, araith.
9. Y Parch. W. Watkin a Mr Bonville.
10. Harri Ddu – araith & Englyn.
11. Côr Llanover.
12. Cân – Dafydd Jones, Pen Ceffyl a Henry Morgan, Saer Maen a rhai o'r cantorion.
13. Jones, Blaenblodau, Englyn.
14. Gruffydd ar y delyn a'r bechgyn bach yn canu penillion.
15. Cân. Hen Wlad fy nhadau – Robert Bassett.
16. Canu gyda'r Delyn – Llew Morlais.[5]

Ar fore Nadolig, am chwech o'r gloch, arferid cynnal gwasanaeth y Plygain ar yr ystâd. Erys cofnodion bras ynghylch yr oedfa hon:

> Plygain in the morning at 6 o'clock at the Ty Uchaf. Revd Evan Bevan preached. The Hall was draped for the occasion with Evergreens... The Room was well filled & the singing was very good. All had their candles which kept burning until they returned.[6]

Dengys y dystiolaeth sydd wedi goroesi i'r Plygain gael ei gynnal yn Llanofer yn rheolaidd rhwng 1870 a 1880, ond cefnogid y traddodiadau Cymreig, gan gynnwys y Plygain, am gyfnod llawer hwy na hynny. Cadwyd defod Y Fari Lwyd yn fyw a cheisiwyd ei chynnal mewn modd llwyddiannus, ond dengys adroddiad ar ymgais y criw a ddaeth ynghyd ym 1874 eu bod yn anghyfarwydd â'r traddodiad:

> The Mari Lwyd in 1871 was very defective, but the Mari Lwyd for the present year was much more so.
>
> The men who acted the Horses did not know how to carry the Horses (sic) Heads properly they did not stoop – but stood bolt upright showing their own legs instead of being covered with the sheet, they only looked like men with a Horses (sic) head on the Top of their own, not like Phantom Horses...
>
> N.B. If possible it would be well to get a party of well instructed Mari Lwyd's that those who are blundered may

> learn & perform better – they used to understand it at Llanover, but it has gone down... They sang too long a very dismal song close to the window, and the fire in the Pitch Pots did not light them up well – the Pwnsian were not good – and they sang again a long time out side the back door which was not wanted & those inside answered two together which spoiled all the effect – they ought not to be near so long...[7]

Adroddiad hallt ond doniol a geir yma am ymdrechion y gwaseilwyr y flwyddyn honno. Eto gwelir bod y mwyafrif o'r nodweddion traddodiadol yn bresennol, gan gynnwys canu penillion yn y dull holi ac ateb er mwyn ennill yr hawl i fynd i mewn i'r tŷ. Yn y cofnodion[8] nodir i'r dynion dderbyn tâl am 'berfformio'. Talwyd tri swllt a naw ceiniog yr un i wyth o ddynion ym 1871, a chyfanswm o dri deg swllt i saith o ddynion ym 1874.

Ceir sawl cyfeiriad at 'gôr Llanover' neu'r 'cantorion' yn rhaglenni dathliadau'r Nadolig[9]. Hwn oedd y côr a gynhelid gan Arglwyddes Llanofer yn ei llys ac a fu'n diddanu'n rheolaidd yn y dathliadau trwy gydol saithdegau'r bedwaredd ganrif ar bymtheg. Bu'r côr yn cynnal traddodiad cerddorol Cymreig y llys cyn hynny, fodd bynnag, ac un o'i ddyletswyddau oedd diddanu gwesteion y teulu:

> In the evening the Llanover Cantorion (Choir) had the honour of singing some of the ancient melodies of Wales to H.R.H. from the minstrels' gallery...[10]

O'r dyfyniad isod gellir casglu mai gweithwyr ar yr ystâd oedd aelodau'r côr:

> We had more of the Welsh music in the evening. We went and sat in the armchairs in the hall, and the household filed in above, and filled the music-gallery, and sang most gloriously, especially the burial-hymn 'It is finished,' which was sung in parts all the way from the house to the churchyard at the funerals of Mrs Waddington and Lord Llanover and his son.[11]

Mae'n ddebyg bod 'in parts' yn cyfeirio at rannau lleisiol, a'u bod felly yn canu mewn cynghanedd.

Ni wyddys ryw lawer am arweinydd neu arweinyddion y côr, ond wrth iddo gystadlu yng nghylchwyl Cymdeithas

Cymreigyddion y Fenni ym 1853, roedd gŵr o'r enw Mr. Griffith yn arweinydd ar gantorion Llanofer. Ym 1873 Walter Davies, Llwyncelyn a enwir yn arweinydd ar y cantorion.[12] Danfonwyd y côr ynghyd â'r telynorion yn aml i ddiddanu a chystadlu mewn eisteddfodau a bu'n cystadlu yn erbyn corau Brynmawr a Blaenafon yng nghyfarfod Cymreigyddion Llanofer ym mis Hydref 1864. Bu un ar bymtheg ohonynt yn perfformio yn Eisteddfod 'brotest' Caerwys ym 1886, lle canasant alawon Cymreig yn eu gwisgoedd Cymreig i gyfeiliant y telynau, gyda'r enwog Dr Joseph Parry yn arweinydd arnynt. Galwyd arnynt i berfformio yn ystod cyngherddau'r llys, pan ganent alawon Cymreig, megis 'Harri Ddu' a 'Hob y deri dando'. Roedd cerddoriaeth gysegredig Gymreig hefyd yn rhan o'u *repertoire*, ac fe'i cenid er diddanwch ac fel cyfrwng addoli.

Ymddengys na chafodd côr Llanofer ddylanwad mawr ar faes cerddoriaeth Cymru fel y cyfryw, a dim ond mân gyfeiriadau a geir ato mewn cofnodion ac yn adroddiadau'r wasg. Erys un o draddodiadau Llanofer, fodd bynnag, yn gofeb i holl weithgarwch cerddorol y llys, sef y dawnsiau a arferwyd yno gan y gweision, y morynion a'r gwesteion. Goroesodd dwy ddawns a nodwyd gan S. B. Gruffydd Richards, sef 'Rîl Llanofer' a 'Rhif Wyth' sydd heddiw'n cael eu harfer gan gwmnïau dawns ledled Cymru. Ffurfiant ran bwysig o'r *repertoire* traddodiadol ac yr oeddynt ymysg y dawnsiau cyntaf gafodd eu nodi gan unigolion yn y 1920au.

Rhoddodd atgofion S. B. Gruffydd Richards fodolaeth i ddwy fersiwn wahanol o ddawns 'Rhif Wyth', sydd yn ddawns uned hir ar gyfer tri chwpl.[13] Cyhoeddwyd un fersiwn gan Hugh Mellor yn *Welsh Folk Dances*,[14] a chasglwyd un arall gan Gladys M. Griffin. Er mai amrywiad ar ddawns wledig Seisnig yw hon, mae iddi stepiau a dull gwahanol iawn i'r cyfrwng Seisnig o ddawnsio dawnsiau set hir.

Adfywiwyd 'Rîl Llanofer' gan Mr a Mrs T. A. Williams gyda phlant Ysgol Llanofer ym 1918. S. B. Gruffydd Richards, Arglwydd Treowen ac eraill a'i cofiodd oddi ar gyfnod ei pherfformio yn y llys. Fe'i perfformid i gyfeiliant y delyn ac roedd gan yr offeryn statws arbennig yn ei chynllun, gyda'r dawnswyr yn symud i gyfeiriad yr offeryn ac yn ei 'chyfarch' – ym mhen uchaf yr ystafell. Yn ôl Hugh Mellor[15] dawns unigryw Gymreig yw hon, ond un a gollodd nifer o'i stepiau Cymreig. Cadwyd y rîl Gymreig hon yn fyw yn Llanofer ar adeg pan anghofiwyd y dawnsiau traddodiadol mewn rhannau eraill o Gymru. 'Rîl Llanofer' yw enw'r alaw a genid ac a genir yn gyfeiliant i'r ddawns, ond amrywiad yw ar alaw arall, sef 'The Gipsy Hornpipe'. Ceir esboniad am hyn gan Nansi Richards Jones, 'Telynores Maldwyn' (1888-1979), telynores draddodiadol a dreuliodd gyfran helaeth o'i hoes yn ceisio hybu diddordeb yn y delyn deires:

Nodiant S. B. Gruffydd Richards o 'Rhif Wyth'

Alaw 'Rîl Llanofer'

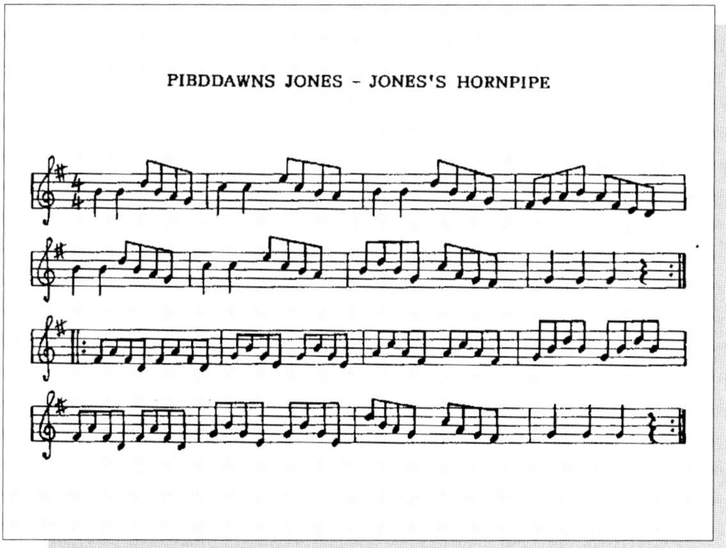

Jones' Hornpipe

> The Gipsy's Hornpipe was played by nearly all Welsh harpists for about seventy or eighty years I'm sure… afterwards called the Llanover Reel. It is not the Llanover Reel at all, it was taken to Llanover by one of the Woods, a Jeremiah Wood, that lived in Gogerddan Hall. And the harpist of Llanover Hall, Lady Llanover, learned it and they arranged a dance to it, and they called it the Llanover Reel, but truthfully it's only the Gipsy Hornpipe, with variations.[16]

Credir i'r alaw hefyd fod yn amrywiad ar 'Jones' Hornpipe' a gyhoeddwyd gan Edward Jones yn *Country Dances* ym 1794.[17] Os gwir yw'r hanes am ddyfodiad yr alaw i Lanofer, ceir yma enghraifft o'r modd y mae deunydd yn lledaenu trwy gyfrwng y traddodiad llafar, a sut y mae alaw werin yn newid ei ffurf a'i swyddogaeth gydag amser.

Rhoddid enwau Saesneg ar ffigyrau'r ddawns, megis 'Round Two' a 'Gipsy', o bosibl o ganlyniad i iaith y gwesteion:

> It is known that from 1800-1860 this dance was performed there whenever the family had distinguished guests, and on such occasions English would be the language in use.[18]

Mae'n debyg i'r ddawns gael ei pherfformio wedi 1860, ond crybwyllir yma ei bod yn rhan bwysig ym mywyd y llys cyn i Augusta Hall ymgartrefu yno. Dengys y dyfyniad isod sut yr oedd y ddawns yn gyfrwng diddanwch yn ystod ei chyfnod hi i'r rhai a gymerai ran yn ogystal â'r rhai a fyddai'n gwylio:

> After a very long dinner we all went into the hall, when, from the curtains at the end, all the servants tripped in, each footman leading a maid by each hand, in most picturesque Welsh costumes, made obeisance to the Prince, went backwards, and then danced the most complicated and picturesque of reels, with evervarying figures. Lady Llanover's own maid was the great performer, and nothing could exceed her consummate grace and dignity. Then a board was brought in and placed in the centre of the floor and three candles upon it, around and between which the footmen and the harper's boys performed the wonderful candledance with the greatest agility.[19]

Grŵp dawnsio gwerin 'Ffidl Ffadl' yn perfformio 'Rîl Llanofer'

Bron i ugain mlynedd ynghynt, yr un oedd y diddanwch a ddarparwyd ar gyfer mab Brenhines Sophie yr Iseldiroedd:

> Another completely Cambrian entertainment followed. Four sets of Welsh reels were danced by the Welsh servants of Lord Llanover's establishment, followed by four jigs and the ancient Welsh candle dance, concluding with the country dance 'Rhif Wyth' (Figure of Eight).[20]

Roedd dawnsio llys o'r fath yn nodweddiadol o'r haen gymdeithasol y perthynai'r Halliaid iddo, ac roedd Benjamin Hall yn arbennig yn hoff o ddawnsio.[21] Bu'r math hwn o ddiddanwch yn bwysig ym mywydau'r ddau o'r cychwyn ac ar ddiwrnod eu priodas cafwyd dawnsio ar gyfer y tenantiaid, y teulu a'u cyfeillion. Uchafbwynt dathliadau'r Nadolig hefyd oedd y dawnsio a gafwyd yn y llys:

> Dancing commenced at 6 o'clock. The Choir singing between the Dances, Jigging & Welsh Reels were danced with spirit... the Arglwyddes gave Prizes for the best jiggers.[22]

Gweledigaeth a phenderfyniad Augusta Hall a drodd Lys Llanofer yn ganolfan gerddorol Gymreig, a gwelir yn y dyfyniad uchod nad esgeuluswyd yr elfen gref o fwynhad sydd yn rhan annatod o gelfyddyd dawns a cherddoriaeth. Mae unigolion a sefydliadau Cymru heddiw, megis cynheiliaid y ddawns werin, yn ddyledus iawn i'r Arglwyddes am gadw'r dawnsiau'n fyw, er mwyn i eraill gyfranogi yn yr hwyl Llanoferaidd hwnnw.

---

[1]Gweler Pennod 5 am wybodaeth bellach ynghylch eu cysylltiad â cherddorion y cyfnod.
[2]FRASER, M.: 'Young Mr. and Mrs. Hall 1823-1830' *Cylchgrawn Llyfrgell Genedlaethol Cymru* cyf. 13, 1963, rhif 1, t. 32. Dyfyniad o lythyr yr Arglwyddes Greenly at Louisa Hastings, Gorffennaf 13, 1854.
[3]*ibid*: FRASER, M.: 'Young Mr. and Mrs. Hall 1823-1830', t. 44.
[4]Gweler Pennod 5.
[5]Toriad papur o *Y Goleuad* Ionawr 10, 1880, yn llsgr. Caerdydd 4.644, Llyfrgell Sir Caerdydd.
[6]Llsgr. Caerdydd 4.644, cofnodion 1874, t. 1, Llyfrgell Sir Caerdydd.
[7]*ibid*, tudalen dyddiedig Ionawr 2, 1874.
[8]*ibid*.
[9]*ibid*.
[10]FRASER, M.: 'The Prince of Orange visits Llanover' *Presenting Monmouthshire*, cyf. 13 t. 42.
[11]HARE, A. J. C.: *The Story of my Life*, cyf. 5, t. 6.
[12]*op. cit.*, llsgr. Caerdydd 4.644, cofnodion 1873.
[13]Cyhoeddwyd llawysgrif Sussanah Richards yn *Llais y Delyn* (Cylchgrawn Ysgol y Delyn) rhif 1, Haf 1972 (Caerdydd), t. 6.
[14]MELLOR, Hugh: *Welsh Folk Dances* (Llundain 1935).
[15]MELLOR, Hugh *op. cit.*, t. 24.
[16]Geiriau Nansi Richards Jones, tâp 'Folktracks' FSD-60-351 1975. Yr awdur sydd biau'r brawddegu a'r atalnodi.
[17]Ceir alaw 'Pibddawns Jones' yn BOWEN, R.: 'The Gift of Mama' *Dawns* 1986-7, t. 23. Cymharer yr alaw ag alaw 'Rîl Llanofer'.
[18]MELLOR, Hugh: *op. cit.*, tt. 24-5.
[19]HARE, A. J. C.: *op. cit.*, tt. 225-6, cofnod dyddiedig Medi 20, 1879.
[20]FRASER, M.: *op. cit.*, 'The Prince of Orange visits Llanover' t. 42.
[21]FRASER, M.: 'Benjamin Hall's Youth: 1802-1823' *Cylchgrawn Llyfrgell Genedlaethol Cymru*, cyf. 12, rhif 3, Haf 1962, t. 255.
[22]*op. cit.*, llsgr. Caerdydd 4.644, cofnod 1874.

5

Clymau cerdd

Pwy wyt, Ddyfodwr?
Os cyfaill, croesaw calon i ti:
Os dyeithr, Lletty-garwch a'th erys:
Os gelyn, Addfwynder a'th garchara.

Anhysbys

Ymddiddorai Augusta Hall yn fawr yn natblygiad cerddoriaeth Cymru; roedd ganddi ddaliadau cadarn ynghylch rhai agweddau ar y gelfyddyd ac ni chyfyngid ar ei gorwelion gan furiau plasty Llanofer. Roedd hi'n gyfeillgar ag unigolion pwysig a dylanwadol y maes a thrwy gyfrwng ambell un o'r cysylltiadau hynny gwnaeth yr Arglwyddes gyfraniad cudd ond arwyddocaol iddo.

Fel llawer o'i chyd-Gymry roedd hi'n ymwybodol o'r modd yr oedd rhai yn gwrthod traddodiad cerddorol Cymru, ac yn troi at y traddodiad Seisnig. Gwelai Augusta Hall fod yn rhaid amddiffyn y traddodiad Cymreig ac fel y dengys y llythyr hwn ym 1865, roedd yn barod iawn i feirniadu:

> I wish you to know the particulars of my correspondence with Mrs. Price of Glan Twrch, who I have no doubt is actuated by the best intentions, but is alas! like so many of our countrymen and countrywomen, taking the very means to injure Wales and its music and its inhabitants instead of assisting in maintaining its nationality, cultivating and perpetuating its music in a pure and unadulterated style, and promoting its cultivation in the Principality and among the natives instead of endeavouring to rob Wales and to add to the supplies of English markets and offering premiums to innocent Welsh girls to go off to England as professional singers – we have had a good example of the

> injury to Wales by such proceedings in the career of Margaret Watts, who had not been in the hands of the committee 12 months before her name was Frenchified into Wattes and she travelling up and down the country singing Italian opera songs under the tuition of an English music master who knew no more of Welsh music (which she had previously sung very well) than she had done of Italian...[1]

Mae'n bosibl mai Miss Watts yw'r un fu'n ysgrifennu at Wenynen Gwent ym 1870 ac a wrthododd gyngor Arglwyddes Llanofer ynglŷn â'r dull o ganu caneuon Cymreig:

> ...it would be a great injustice to Art to sing them in the way which Lady Llanover expects them to be sung. Moreover Miss Watts considers that it would be a great sacrifice to enable a descent from Art, by singing in an unartistic way.[2]

Ymddengys fod gan Augusta Hall syniadau penodol ynghylch sut y dylid perfformio caneuon Cymreig, ond roedd y dull hwn yn groes i farn ac arddull y gantores.

Roedd yr Arglwyddes yn fwy na pharod i gymell unigolion i dderbyn ei syniadau hi ynghylch cerddoriaeth Cymru, a dylanwadodd ar gyfeillion i wahanol raddau. Roedd ei llwyddiant yn dibynnu ar eu gallu hwy i'w gwrthsefyll. Gwraig a blygodd i bwysau o du Augusta Hall oedd Betha (Elizabeth) Johnes, Dolaucothi (1834-1937). Medrai hithau Gymraeg ac ymddiddorai yn y diwylliant Cymreig ac yn hyn o beth, bodlonai Arglwyddes Llanofer. Wedi i'w mam farw daeth Betha o dan adain yr Arglwyddes a ddylanwadodd yn fawr ar ei syniadau cymdeithasol a diwylliannol: trowyd hi yn fath o *protégé* i bendefiges Llanofer.[3] Bob cyfle a gâi'r athrawes, rhoddai arweiniad i'r disgybl, ond gallai'r cyngor weithiau ymddangos yn eithafol. Dyma'r hyn a ddywedodd Augusta Hall cyn i Betha fynd i Eisteddfod Aberystwyth, 1865:

> ...safe house again from the dangerous society you are going into with my best wishes that you may have moral courage & determination sufficient to resist all attempts to induce you to patronise anything which may only be a trap to obtain your aid to its extinction...[4]

Roedd yr Eisteddfod Genedlaethol yn wrth-Gymreig yng ngolwg nifer helaeth o Gymry'r cyfnod, ac nid oedd Augusta am weld Betha'n cefnogi unrhyw fenter Seisnig yn ystod ei hymweliad.

Datgan ei barn wnaeth Gwenynen Gwent hefyd yn erbyn dymuniad Betha i gyfieithu barddoniaeth Gymraeg i'r Saesneg. Credai na ellid cyfleu syniadaeth a gallu barddonol y Cymry wrth gyfieithu.[5] Amlygwyd yr un agwedd gan Augusta Hall yng nghyswllt ei pherthynas agos â Maria Jane Williams, Aberpergwm (1795-1873) neu 'Jane' fel y'i gelwid. Cyfeilles i Betha ac aelod arall o gylch Llanofer oedd hi, a bu ymyrraeth yr Arglwyddes yn gyfraniad allweddol wrth i Jane gyhoeddi *Ancient National Airs of Gwent and Morganwg.*[6] Erys y casgliad hwn yn un pwysig ym maes cerddoriaeth Cymru, oherwydd ynddo y cofnodwyd rhai o alawon gwerin mwyaf poblogaidd y genedl, megis 'Bugeilio'r Gwenith Gwyn', am y tro cyntaf. Cyhoeddwyd casgliadau gan eraill wedi hynny, ond roedd *Ancient National Airs* yn unigryw am mai hwn oedd y cyntaf i gynnwys geiriau Cymraeg, a hynny'n bennaf am fod Arglwyddes Llanofer wedi pwyso'n drwm ar y casglwr a'r golygydd i'w cynnwys. Deuai Jane, fel Betha Johnes, o deulu bonheddig a ymddiddorai yn iaith a llên Cymru. Gwraig gerddgar ydoedd – gallai ganu'r gitâr a'r delyn ac roedd ganddi lais arbennig hefyd. Bu'n casglu alawon ers dyddiau ei hieuenctid, ac roedd ganddi ddiddordeb yn y traddodiad llafar. Dengys nodyn yn nyddiadur yr Arglwyddes Greenly sut y bu Jane yn canu yn Llys Llanofer ym mis Tachwedd 1836:

> The youngest, Miss Jane has a fine voice, and is very musical. She sang to us several beautiful airs which she had learned of an old woman in the Glamorganshire hills now 70 years old, but still having a good voice – she learned them of her mother, who lived to 95 and so traced them back for centuries transmitted orally, never written down. They are of a very different character to any Welsh music I ever heard before... Miss Jane Williams intends to have them written down, for she knows no one who sings them, besides this old woman... There are Welsh words to them all, and each has its separate title...[7]

Maria Jane Williams

Enillodd Jane Williams wobr yr Arglwyddes Greenly am gasgliad o alawon Cymreig yn Eisteddfod Cymreigyddion y Fenni ym 1837, ac ym 1844, wedi i'r casglwr ychwanegu alawon, geiriau a nodiadau fe gyhoeddwyd y gyfrol.

Fel y soniwyd eisoes, presenoldeb geiriau Cymraeg yng nghyfrol gyhoeddedig Jane Williams a'i gwnaeth yn unigryw, ond pe byddai wedi cael ei dymuniad, ni fyddai geiriau Cymraeg wedi ymddangos ynddi o gwbl. Bwriad Jane oedd bod *Ancient National Airs* yn apelio at fonedd a mawrion y gymdeithas yng Nghymru a'r tu hwnt, ac felly byddai casgliad o alawon neu alawon ynghyd â geiriau Saesneg yn ateb eu gofynion yn gymaint gwell. Arferai Jane, fodd bynnag, drafod ei dymuniadau a'i bwriadau gydag Augusta Hall, ac felly gallai'r bendefiges yn ei thro ddylanwadu'n hawdd ar y cynlluniau. Ym 1840 ysgrifennodd Arglwyddes Llanofer at y Frenhines Victoria i ofyn am ganiatâd i gyflwyno'r gyfrol iddi, gan bwysleisio mai cyfrol o gerddoriaeth Gymreig a geiriau Cymraeg fyddai. Defnyddiodd Augusta Hall yr 'addewid' hon i sicrhau y byddai'r geiriau Cymraeg yn ymddangos yn y gyfrol gyhoeddedig.

Dymunai Augusta Hall i eiriau Cymraeg ymddangos gyda chyfieithiadau Saesneg rhydd, ac i ryw raddau bu hi'n gyfrifol am baratoi'r testun. Fodd bynnag, ni welodd werth cadw at y geiriau gwreiddiol:

> I care little whether she adapts lines from living Bards (Taliesin for instance) to her music, instead of Older Poets, but it is not fair to Wales or me or the Queen – not to let there be every scrap of material to select from. – If you can second my endeavours – pray do.[8]

Cafwyd ymdrechion i gyfansoddi geiriau newydd lle ystyrid y penillion gwreiddiol yn anaddas. Taliesin ab Iolo (1787-1847), mab Iolo Morganwg, a'r Parchedig John Jones, 'Tegid' (1792-1852), fu'n creu'r deunydd newydd. Bardd oedd ab Iolo a olygodd lawysgrifau ei dad a gyhoeddwyd gan y Welsh Manuscripts Society ym 1848, tra mai bardd ac orthograffydd oedd 'Tegid'.

Pwysodd Augusta Hall arnynt i ddylanwadu ymhellach ar Jane Williams:

> I must tell you how annoyed I shall be if words do not appear to the greater part, and you are the only person whose opinion will have any weight, for the simple reason that you alone can write the songs as to be fit for publication. This is all in cyfrinach but act promptly. I never mention that I communicate with you on this subject.[9]

Yna yn Nhachwedd 1840, gwelir bod cynllun Gwenynen Gwent wedi llwyddo:

> In a short visit Miss Wms of Aberpergwm lately paid me she told me that she had placed the words of her songs in your hands, – and that bringing out of her Publication would much depend on what she received from you – This proves to me you have kindly used your influence as I requested – so that she no longer even alludes to the idea of publishing without any words.[10]

Roedd ab Iolo'n ddyledus i Augusta a Benjamin Hall am iddynt gefnogi'r 'Welsh Manuscripts Society', a dylanwad yr Arglwyddes sicrhaodd fywoliaeth yr Arglwydd Ganghellor yn Nanhyfer, i'r Parch. John Jones, 'Tegid', ym 1841. Mae'n bosibl fod hyn wedi sicrhau ymateb cadarnhaol gan Taliesin ab Iolo a Thegid i'w llythyrau. Ddwy flynedd yn ddiweddarach ymddengys fod yr Arglwyddes yn gweld pwysigrwydd cynnwys barddoniaeth o naws werinol yn hytrach na phenillion Cymraeg safonol. Er na welai fod gwerth mawr yn y geiriau gwreiddiol a'r dafodiaith, roedd ganddi fwy o ymwybyddiaeth na'r casglwr ei hun:

> Do not therefore ever lose an opportunity of quiet but determined disapprobation of English verse translations, and at all events you will thereby ensure fewer of those abominations... you must remember the book is not intended to give the best specimens of Welsh poetry – but to give National Airs sung by Welsh Peasants – with such words as could be put to them, or to go with them – where there are words with original thoughts and imaginative expressions well and good, and still better where they give a plea for an informing note (your notes will be treasures don't be sparing of

> them) but provided there is nothing objectionable or vulgar retained.[11]

Er bod Jane Williams yn honni yn ei rhagarweiniad fod y caneuon yn ymddangos yn eu ffurfiau llafar, dim ond ychydig dros draean ohonynt sy'n cynnwys y geiriau gwreiddiol. Syniad Augusta Hall hefyd, yn ôl greddf unrhyw gasglwr caneuon gwerin, oedd cynnwys nodiadau yng nghefn y gyfrol:

> I consider notes as very necessary and will enhance the value of the work two fold – those who do not want them will not read them – to those who are interested they will be very valuable...[12]

Er nad yw'r nodiadau hyn yn helaeth, maent yn amlinellu gwybodaeth werthfawr am gefndir a swyddogaeth y caneuon, ac yn ffurfio atodiad pwysig i'r gwaith.

Cynigir sylwadau pellach gan Daniel Huws ynghylch cyfraniad Arglwyddes Llanofer yn ei ragarweiniad i'r atgynhyrchiad o gyfrol Jane Williams.[13] Casglwyd o leiaf chwe chân yn ardal Llanofer, ac er nad oes nodiannau gwreiddiol yn llaw Jane wedi goroesi, ceir nodiant o'r dyrnaid hwn o alawon yn llaw Augusta Hall a John Jones, y telynor teulu, mewn dwy lawysgrif[14] a ddaeth yn wreiddiol o Lanofer. Y tu fewn i glawr un ohonynt[15] ceir yr arysgrif ganlynol:

Music Manuscripts
Jane Williams Aberpergwm
and
Lady Llanover, Gwenynen Gwent
Welsh Folksongs, several unpublished.

Yn y llawysgrif arall nodir 'Welsh folk tunes & songs Jane Williams Aberpergwm'. Llyfrau cerdd yw'r ddwy lawysgrif gyda nodiannau un llinell o'r alawon.

Roedd gan Augusta a'i thelynor ddiddordeb mewn casglu ac mae'n bosibl iddynt geisio rhoi cymorth i Jane Williams. Mae'r alawon a nodwyd ganddynt, fodd bynnag, yn gwahaniaethu'n fawr i'r alawon cyfatebol a geir yn *Ancient National Airs of Gwent and Morgannwg*. Os derbynnir bod gan

'*Dewch yn nes' fel y cyhoeddwyd hi gan Maria Jane Williams*

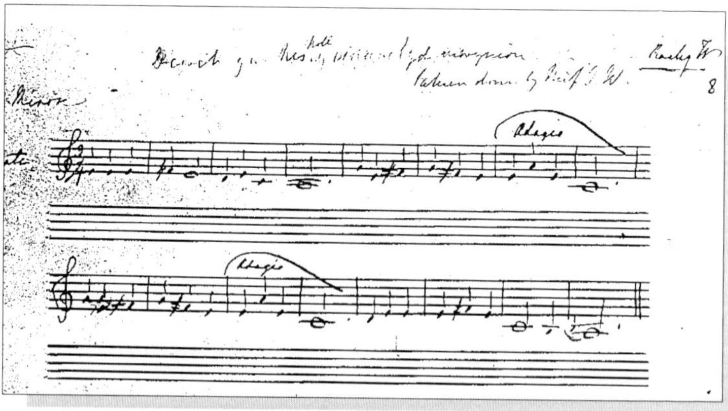

Nodiant Augusta Hall o 'Dewch yn nes holl ieunctyd mwynion'

Nodiannau Augusta Hall o alawon
Ancient National Airs

Enw'r Gân Maria Jane Williams	Enw'r Gân Augusta Hall	Llsgr. LLGC	Nodiadau Augusta Hall
Y 'Deryn pur	Y deryn du	16075E, ff.21-2	Racky W / Miss J.W. Gold Medal
Llawen glân awen Glyn Nedd	Deryn du	16075E, ff.21-2	
Holl feibion a merched	Eglwysnewydd	16075E, f.18	Miss W.
Torriad y wawr	Agoriad y wawr	15168D, f.12	Racky W.
Dewch yn nes	Dewch yn nes holl ieunctyd mwynion	15168D, f.8	Racky W / taken down by Miss J.W.
Dewch yn nes	Marchant enwog (fersiwn un)	15168D, f.13	
Dewch yn nes	Marchant enwog (fersiwn dau)	16075E, f.30	
Holl brydyddion glân	Prydyddion Glân	16075E, f.9	Cobbler/this is the chef d'oeuvre/Miss W taken
Holl brydyddion glân	Prydyddion Glân	15168D, f.13	
Pryd o'wn ar ddiwarnod	A fi ar ddiwarnod yn dyfod o'm taith	16075E, f.24 (dwy ymgais)	Racky / taken down by Miss J.W.

Nodiannau Augusta Hall o alawon Ancient National Airs

Maria Jane fwy o allu cerddorol, bod ei nodiannau yn weddol gywir ac mai'r un ffynonellau oedd ganddynt, gellir casglu fod Augusta Hall yn profi anawsterau gydag amser a thonyddiaeth wrth nodi. Eto i gyd, wrth gofio fod y gân werin yn ei stad naturiol yn anaml yn rheolaidd o ran amseriad a bario, gallai Maria Jane fod wedi newid yr alawon er mwyn eu cyflwyno mewn dull derbyniol. Os nad yw alawon y gyfrol yn tarddu o nodiannau Augusta Hall, barn Daniel Huws[16] yw bod yr Arglwyddes wedi nodi'n gyntaf oddi ar lafar, yna rhoddodd wybod i Jane Williams amdanynt cyn iddi hithau fynd i wrando ar yr alawon drosti ei hun. Mae'n bosibl mai'r Arglwyddes a ofynnodd i John Jones ei chynorthwyo.

Dengys Augusta Hall fod ganddi reddf ethnogerddoregol: gwelai bwysigrwydd a hynodrwydd y caneuon, ac aeth ati i'w nodi. Nododd y ffynonellau hefyd, sef enwau'r cantorion. Gwraig o'r enw 'Racky W' oedd ffynhonnell tair cân a geir yn *Ancient National Airs*, sef 'Torriad y wawr', 'Dewch yn nes' a 'Pryd o'wn ar ddiwarnod'. Cynigia Daniel Huws mai Rachel Watkins a oedd yn byw yng ngolchdy'r plas ydoedd hi. Cafwyd 'Breuddwyd', 'Holl Brydyddion glân' a 'Ffynnon Ofor' gan un o'r enw 'Cobbler'. Yn llaw John Jones y mae 'Breuddwyd', ac ychwanegir brawddeg gan Augusta Hall: 'Words to this are printed in a ballad'.[17] Ceir hefyd ymgais ganddo i nodi alaw o'r enw 'Glas fuore',[18] sef un a welir yn *Ancient National Airs* o dan y teitl gwneud, 'Ffynnon Ofor' (sef y ffynnon ar dir Llanofer). Ychwanega 'Miss J. W. taken & 1 verse'.

Ni ellir dweud yn union beth oedd rhan Augusta Hall yn y casglu, ond mae'n bosibl mai hi gofnododd y chwe alaw ddaeth o Lanofer am y tro cyntaf. Os felly, mae maes cerddoriaeth Cymru yn ddyledus iddi am gyfoethogi casgliad Jane Williams o ganeuon gwerin Cymreig. O ganlyniad i'r diddordeb mawr a gymerodd Gwenynen Gwent yn agweddau llenyddol a cherddorol prosiect Jane Williams, sicrhawyd presenoldeb y geiriau Cymraeg a'r nodiadau a gynhwyswyd yn y gwaith. Mae'r diolch iddi'n fwy, wrth gwrs, am mai'r elfennau allweddol hyn sy'n gwneud y gyfrol yn un holl-bwysig ym maes cerddoriaeth y genedl.

Ffefryn arall pendefiges Llanofer o blith cerddorion y cyfnod oedd (Henry) Brinley Richards (1819-1885), a anwyd yng Nghaerfyrddin ac a astudiodd y piano yn yr Academi Frenhinol, Llundain lle bu'n hybu cerddorion Cymreig yn ddiweddarach. Gadawodd Gymru er mwyn derbyn addysg gerddorol o safon uwch na'r hyn oedd ar gael yn ei wlad enedigol a daeth yn enwog yn ei ddydd fel perfformiwr. Daeth yn boblogaidd ymhlith y Cymry fel beirniad eisteddfodol, trefnydd caneuon gwerin a chyfansoddwr, a daeth ag elfen broffesiynol i'r Eisteddfod Genedlaethol trwy gyfrwng ei feirniadu a'i gyfeilio. Erbyn heddiw, fe'i cofir am ddau beth yn arbennig, sef y gân 'Ar Dywysog Gwlad y Bryniau' a'i gyfrol boblogaidd o drefniannau i lais a phiano o alawon gwerin Cymreig, *Songs of Wales.*[19] Bu'n darlithio ar gerddoriaeth Cymru hefyd – un o'r cyntaf, os nad y cyntaf i wneud hyn. Fe'i cofir yn ogystal am ei waith yn sefydlu cynllun arholiadau teithiol yr Academi.

Un o'i feysydd trafod oedd y delyn deires – creai ymwybyddiaeth ohoni, bu'n brwydro drosti ac ym 1869 bu'n gohebu yn y wasg am fisoedd yn ei chylch. Ai Gwenynen Gwent a'i hysgogodd i gefnogi'r delyn deires, ynteu hi a'i cefnogodd ef yn ei ymgyrch drosti? Cynigiodd Brinley Richards wobrwyon er hyrwyddo'r delyn deires, ond gyda chefnogaeth ariannol Augusta Hall. Rhoes ef delyn yn wobr yn Eisteddfod Genedlaethol Bangor ym 1874, a cheisiodd ddwyn perswâd ar bwyllgor Eisteddfod yr Wyddgrug i gynnig gwobr debyg. Gwnâi hyn fel pianydd clasurol, un a gofleidiai offeryn a fygythiai fodolaeth y delyn deires a'r delyn bedal ar y llwyfan eisteddfodol. Fodd bynnag, gwelai werth y delyn deires fel offeryn traddodiadol a hanesyddol:

> I regard the Welsh Harp as the Scotchman does his 'Pipes'; not simply as a question of music, but of nationality, in fact, as an emblem, and one closely connected with Welsh history, with the traditions and glories of an ancient nation.[20]

Trwy gyfeillgarwch yr Arglwyddes a Brinley Richards, ychwanegwyd grym at yr ymdrechion i achub y delyn deires. Cyfraniad pennaf Brinley Richards, mae'n siŵr, i hanes y delyn Gymreig ac i *repertoire* y delyn glasurol oedd ei ddarganfyddiad pwysig yn yr Amgueddfa Brydeinig. Yno y daeth o hyd i'r Consierto yn B^b gan G. F. Handel (1685-1759) a gyfansoddwyd ar gyfer telyn y cyfnod, y delyn deires. Ysgrifennwyd y darn ar gyfer interliwd yn oratorio Handel *Alexander's Feast* ac fe'i perfformiwyd am y tro cyntaf ar Chwefror 17, 1736 gan William Powell yr ieuengaf, telynor Cymreig yn llys Siôr yr ail. Trefnodd Brinley Richards i'r consierto gael ei berfformio yn nhŷ Arglwyddes Llanofer yn Stanhope Street, Mayfair, Llundain, ar Orffennaf 14, 1870, dros ganrif yn ddiweddarach. Herr Sjoden oedd y telynor a'i perfformiodd ar y delyn deires, a Brinley Richards ei hun oedd arweinydd y gerddorfa fu'n cyfeilio. Gwahoddwyd sawl bonheddwr i'r perfformiad, gan gynnwys aelodau o'r teulu brenhinol – ymgais eto i ddod â'r delyn hon i sylw'r dosbarth uwch dylanwadol ac ariannog. Diddorol sylwi nad Thomas Gruffydd nac unrhyw delynor arall o Gymru fu'n perfformio'r gwaith ar yr achlysur hwn. Deunydd traddodiadol, gwerinol oedd *repertoire* y telynorion Cymreig ac mae'n bosibl nad oedd eu harddull na'u gallu'n gweddu i'r hyn oedd ei angen wrth berfformio gwaith unawdol o'r fath.

Bu Brinley Richards, gyda chefnogaeth Augusta Hall, yn torri tir newydd trwy roi bywyd i orffennol llewyrchus y delyn deires. Gwnaethpwyd cymwynas fawr â'r offeryn trwy ddenu sylw at y consierto, ond y delyn bedal, nid y delyn deires, fu'n gyfrwng i boblogeiddio'r darn. Yn y ganrif newydd hon mae yna delynorion yn ceisio gwneud yn iawn am hynny.

Gwahanol iawn fu cyfraniad cydoeswr i Richards, sef John Thomas, 'Pencerdd Gwalia' (1826-1913) i hanes y delyn 'Gymreig', ac annhebyg oedd perthynas y telynor enwog hwn ag Arglwyddes Llanofer. Ganwyd ef ym Mhen-y-bont ar Ogwr, ac astudiodd yn yr Academi Gerdd Frenhinol, Llundain. Roedd yn un o delynorion enwocaf ei gyfnod, ac yn feirniad eisteddfodol o fri. Ystyriai Augusta Hall John Thomas yn elyn am gyfnod hir am na chefnogwyd y delyn Gymreig ganddo ac am iddo ddwyn clod at 'wychder' y delyn bedal Ewropeaidd. Ar yr offeryn cenedlaethol y bu ef yn bwrw ei brentisiaeth ond trodd at y delyn 'newydd' wedi iddo ddechrau yn yr Academi Gerdd yn Llundain. Eironi pur yw mai ei fuddugoliaeth yn Eisteddfod Cymreigyddion y Fenni ym 1840 ddarparodd y cyfle iddo ddenu sylw yr Iarlles Ada Augusta Lovelace, merch yr Arglwydd Byron a fu'n ei noddi yn ystod ei gyfnod yn yr Academi. Bwriad Cymreigyddion y Fenni oedd hybu cerddoriaeth Gymreig a darparu llwyfan ar

John Thomas, 'Pencerdd Gwalia'

gyfer cerddorion Cymru, ond gadael Cymru er mwyn derbyn addysg uwch wnaeth John Thomas wedi ei fuddugoliaeth yn y Fenni.

Ni sylweddolodd yr Arglwyddes am gyfnod hir, ysywaeth, ei fod yn esgeuluso'r delyn deires, a bu'n beirniadu cystadlaethau'r offeryn cenedlaethol yn Eisteddfod y Fenni ym 1853. Ystyriai fod ganddo allu a bod iddo statws anghyffredin. Gellid deall o lythyr a ysgrifennodd ato mai un o'i rhesymau dros ei wahodd i aros yn Llanofer adeg gŵyl y

Fenni oedd y byddai hi ac eraill yn elwa o'i allu ym maes cerddoriaeth Cymru.[21] Dengys llythyrau'r Arglwyddes ato ddwy flynedd yn gynt gymaint oedd ei hedmygedd ohono. Mewn un llythyr mynegodd ei dymuniad i'w weld er mwyn iddi glywed gwir gerddoriaeth Gymreig[22] ac mewn llythyr arall dywedodd Augusta Hall wrtho y gallai hi ddylanwadu ar y frenhines er mwyn iddo ymweld â hi'n aml.[23] Mae'n rhaid eu bod ar delerau da am gyfnod oherwydd cyflwynodd John Thomas ddarn iddi, fel y gwnaeth i sawl boneddiges arall, sef 'Pêr Alaw' ('Sweet Melody—Sweet Richard').

Yn Eisteddfod Genedlaethol Abertawe ym 1863 sefydlwyd ysgoloriaeth i'r delyn Gymreig gan John Thomas. Byddai hyn wedi bodloni cefnogwyr y delyn deires, ond erbyn 1869 ysywaeth, ni allai Augusta Hall ddioddef ei gwmni. Dyma sut y disgrifiodd cyfeilles iddi enbydrwydd y sefyllfa:

> I write in extreme haste expecting every instant John Thomas to meet Betha she is in Town with Lady Llanover who is so excessively incensed at J.T. ingratitude in preferring the Pedal Harp to the Triple stringed that she will not allow him to call at Crawley's Hotel where they are but allows her to come here to see him...[24]

Roedd Betha Johnes, Dolaucothi a John Thomas yn gyfeillion agos, a buont yn llythyru â'i gilydd am flynyddoedd. Ymddiddorai Betha'n fawr yn ei yrfa, arferent drafod cerddoriaeth a mynegodd ef ei anfodlonrwydd pan benderfynodd hithau roi'r gorau i ganu'r delyn. Ni welai Arglwyddes Llanofer lygad am lygad â'r telynor, ond dengys un llythyr o'i eiddo ei fod yn drist iawn pan ddirywiodd ei berthynas ag Augusta Hall:

> It was most kind of you to give me such a graphic account of Lady Llanover's last moments. I can well understand that her so suddenly passing away must have been a great shock to you all – considering the closeness of your friendship for so many years. I have never forgotten her kindness to me at the commencement of my artistic career, I deeply regret that anything should have happened to have caused a break between us, – which arose chiefly from my inability to view matters connected with my artistic pursuits in the same light as

> herself. But she was, undeniably, a remarkably gifted woman in many ways.[25]

Fel y soniwyd eisoes ni allai Augusta Hall oddef unigolion nad oedd yn cyd-weld â hi, yn enwedig yng nghyd-destun y delyn deires, a phenderfynodd John Thomas na fyddai'n cefnogi'r delyn honno. Roedd ei resymau dros hynny'n ddigon clir – gwelliant ar y delyn deires oedd y delyn bedal, ac roedd datblygiad yn gam naturiol:

> ...I naturally felt a patriotic and sentimental regard for the old instrument, and especially on account of its association with the history of our native country. Actuated by this feeling, I interested myself for years in favour of its cultivation... even after I had become a student of the Royal Academy of Music, and consequently, obliged to devote myself exclusively to the study of the more perfected Pedal Harp.
>
> But I have now reluctantly arrived at the conviction that it would be nothing less than downright cruelty to handicap our compatriots by offering any further encouragement for the study of an instrument which would keep them far behind in the race of progress and distinction.[26]

Yn ei dyb ef, roedd y delyn deires yn hen ffasiwn, a dylid mabwysiadu'r delyn 'berffaith' yn offeryn cenedlaethol.

Eto i gyd gwnaeth Pencerdd Gwalia lawer i hybu cerddoriaeth Gymreig yn Llundain drwy sefydlu Undeb Corawl Cymreig yn y brifddinas, trwy greu ysgoloriaethau ar gyfer y Cymry yn yr Academi, a thrwy ei gyngherddau o gerddoriaeth Gymreig yn Neuadd St. James. Arwydd o werthfawrogiad a diddordeb parhaol Arglwyddes Llanofer oedd ei phresenoldeb yn un o'r cyngherddau hynny ym mis Mai 1894, pan fu côr o ugain telyn yn cyd-berfformio.

Gŵr arall fu'n hybu cerddoriaeth Gymreig oedd John Parry, 'Bardd Alaw' (1776-1851). Ganwyd ef yn Ninbych a bu'n aelod o gartreflu'r sir am ddeng mlynedd lle'r ymgynefinodd â sawl offeryn. Ymsefydlodd yn Llundain ym 1807 fel athro a daeth yn adnabyddus yng Nghymru fel cerddor, beirniad eisteddfodol a chyhoeddwr trefniannau o geinciau traddodiadol. Daeth ef a'i fab, John Orlando Parry (1809-1879) i fod yn ffefrynnau gan Wenynen Gwent hefyd.

Ganwyd y mab yn Llundain, lle daeth yn enwog fel perfformiwr poblogaidd yn y neuaddau cerdd. Teithiodd yn eang ond ni ddilynodd gamre ei dad ym maes cerddoriaeth Cymru.

Cyhoeddodd y tad gasgliadau o alawon telyn,[27] a bu'n poblogeiddio alawon Cymreig yng nghyngherddau Gerddi Vauxhall, Llundain. Bu'n frwd dros gerddoriaeth ar faes yr Eisteddfod, lle bu'n beirniadu'n gyson. Canai'r delyn, y crwth, y piano ac offerynnau chwyth, a chefnogwyd y grefft o ganu gyda'r tannau ganddo yng Nghymdeithas y Canorion a sefydlwyd ym 1820. Bu'n chwarae rhan flaenllaw yng nghymdeithasau'r Gwyneddigion a'r Cymmrodorion yn ogystal, ac ysgrifennai erthyglau ar gerddoriaeth ac ar y delyn ar gyfer eu cyfnodolion. Ychydig o dystiolaeth a erys ynghylch natur perthynas Bardd Alaw ac Augusta Hall, ond mae'n debyg iddynt fod yn ddigon cyfeillgar â'i gilydd. Cyfansoddodd ef alaw er clod iddi o'r enw 'Gwenynen Gwent' ac un arall o'r enw 'Llanover' (1838). Ymddengys

'Llanover' gan John Parry, 'Bardd Alaw'

'Gwenynen Gwent' gan John Parry, 'Bardd Alaw'

alaw 'Llanover' yn *The Welsh Harper* a hefyd fel alaw a phump o amrywiadau ar gyfer piano neu delyn.

Cyhoeddwyd 'Gwenynen Gwent' yn ail gyfrol *The Welsh Harper* ynghyd â thri amrywiad, gydag un ohonynt yn arddull atseiniol y delyn deires. Yr alawon hyn a'u tebyg yng nghyfrolau John Parry fyddai'r darnau gosod yn Eisteddfodau Cymreigyddion y Fenni yr adeg honno.

Gwyddys i John Parry ymddiried digon yn Augusta Hall iddo allu rhoi alawon Cymreig i'w gofal. Cyn iddo farw, cyflwynwyd llawysgrifau'r alawon a gyhoeddwyd yn *The Welsh Harper* iddi, sef y rhai a gesglid yn wreiddiol gan y Parch. John Jenkins, 'Ifor Ceri' (1770-1829). Cerddor a hynafiaethydd a anwyd yn Llangoedmor, Ceredigion oedd ef a fu'n casglu alawon gwerin ac a gofir am ei haelioni tuag at hynafiaethwyr wrth iddo agor ei gartref iddynt. Rhoddodd gweddw John Jenkins yr hawl i'r Arglwyddes gymharu llawysgrif John Parry â chofnodion ei gŵr. Cyflwynodd Parry lawysgrif arall o alawon iddi ym 1849 hefyd, rhai a gasglwyd oddi ar delynorion Cymru.[28] Mae hyn yn dystiolaeth ychwanegol fod gan Augusta Hall ddiddordeb iach mewn gwahanol agweddau ar y traddodiad cerddorol yng Nghymru. Ar Fedi 7 1838, cynhaliwyd cyngerdd o gerddoriaeth leisiol ac offerynnol yn y Fenni gan John Parry, ei fab a gwraig o'r enw Miss Woodham. Cyngerdd i ddod â gyrfa broffesiynol Bardd Alaw i ben oedd hwn a noddwyd y digwyddiad gan Arglwyddes Llanofer. Perfformiodd y tri yn

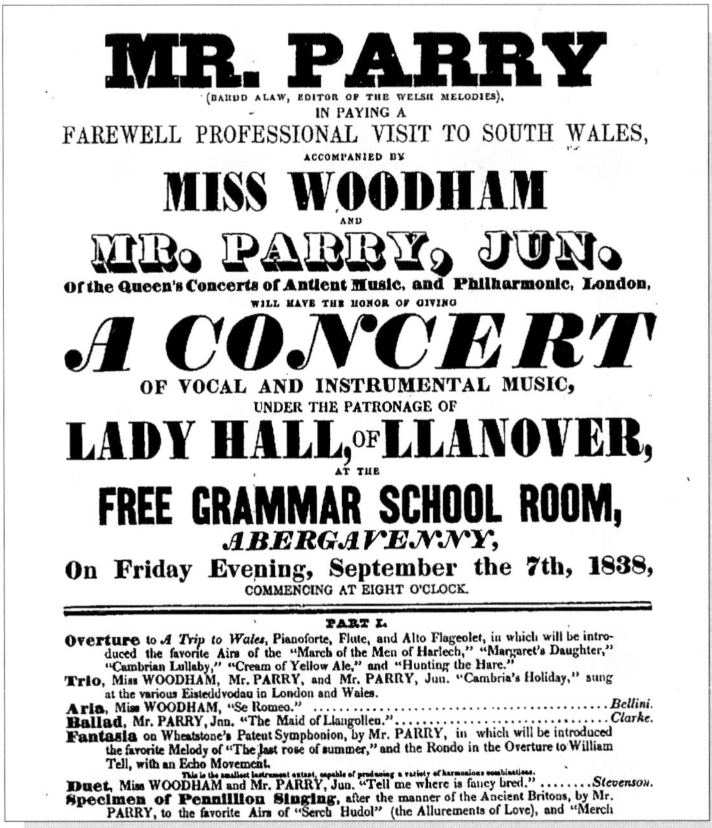
MR. PARRY
(BARDD ALAW, EDITOR OF THE WELSH MELODIES),
IN PAYING A
FAREWELL PROFESSIONAL VISIT TO SOUTH WALES,
ACCOMPANIED BY
MISS WOODHAM
AND
MR. PARRY, JUN.
Of the Queen's Concerts of Antient Music, and Philharmonic, London,
WILL HAVE THE HONOR OF GIVING
A CONCERT
OF VOCAL AND INSTRUMENTAL MUSIC,
UNDER THE PATRONAGE OF
LADY HALL, OF LLANOVER,
AT THE
FREE GRAMMAR SCHOOL ROOM,
ABERGAVENNY,
On Friday Evening, September the 7th, 1838,
COMMENCING AT EIGHT O'CLOCK.
PART I.
Overture to A Trip to Wales, Pianoforte, Flute, and Alto Flageolet, in which will be introduced the favorite Airs of the "March of the Men of Harlech," "Margaret's Daughter," "Cambrian Lullaby," "Cream of Yellow Ale," and "Hunting the Hare."
Trio, Miss WOODHAM, Mr. PARRY, and Mr. PARRY, Jun. "Cambria's Holiday," sung at the various Eisteddvodau in London and Wales.
Aria, Miss WOODHAM, "Se Romeo." .... Bellini.
Ballad, Mr. PARRY, Jun. "The Maid of Llangollen." .... Clarke.
Fantasia on Wheatstone's Patent Symphonion, by Mr. PARRY, in which will be introduced the favorite Melody of "The last rose of summer," and the Rondo in the Overture to William Tell, with an Echo Movement.
This is the smallest instrument extant, capable of producing a variety of harmonious combinations.
Duet, Miss WOODHAM and Mr. PARRY, Jun. "Tell me where is fancy bred." .... Stevenson.
Specimen of Pennillion Singing, after the manner of the Ancient Britons, by Mr. PARRY, to the favorite Airs of "Serch Hudol" (the Allurements of Love), and "Merch

Hysbyseb Cyngerdd 7 Medi 1838

unigol ac fel deuawdau, a cherddoriaeth Seisnig neu Ewropeaidd glywyd gan fwyaf.

Mae'n debyg fod John Orlando Parry'n hen gyfarwydd â Llanofer yn dilyn ei ymweliadau cyson yno gyda'i dad, ac erys mwy o fanylion ynghylch ei gysylltiad ef ag Augusta Hall. Roedd yn delynor medrus a bu'n astudio gyda R.N.C. Bochsa (1789-1856), telynor Ffrengig a gyfansoddodd yn helaeth ar gyfer yr offeryn. Datblygodd Bochsa yr agweddau technegol a mynegiannol ar ganu'r offeryn, gan ddarganfod effeithiau a phosibliadau newydd ar gyfer y delyn bedal. Y llwyfan a'r opera gomic aeth â bryd John Orlando Parry. Roedd yn ganwr comic, yn bianydd, yn fariton ac yn ddiddanwr heb ei ail. Torrodd dir newydd ym myd adloniant ysgafn, ac ef mae'n debyg oedd y comedïwr cyntaf wrth y piano. Roedd yn amryddawn iawn ac arbenigai mewn monologau a chanai gan ddynwared. Cyfansoddodd nifer fawr o ganeuon mewn cyfnod o ddeugain mlynedd, a bu'n teithio ar hyd a lled y wlad yn cynnal cyngherddau ac yn mynychu cymdeithasau. Yn ei ddyddiaduron[29] ceir cyfeiriadau at ei ymweliadau â Llanofer a thŷ'r Halliaid yn Llundain. Ar Orffennaf 20, 1841 bu'n diddanu yn 65 Wimpole Street, lle'r oedd Augusta Hall yn aros, a lle cynhaliwyd parti i gant a hanner o bobl. Canu caneuon Seisnig ac Eidalaidd a chyfansoddiadau personol a wnaeth, a cheir cyfeiriad ganddo at Miss Augusta Hall (merch yr Arglwyddes) yn canu 'Nant Gwynnant'.[30]

Cynhaliwyd cyngerdd 'Cymreig' ganddo yn nhŷ'r Halliaid yn Llundain ar Fehefin 24, 1843, a chyfeiria at 'Jones the Welsh Harper' wedi'i wisgo yn ei wisg Gymreig[31] a'r Misses Williams (mae'n debyg mai Maria Jane Williams a'i chwaer Anne oedd y rhain). Treuliodd bum wythnos yn Llanofer rhwng Awst a Medi 1843, a thra oedd yno canodd un ar bymtheg o ganeuon a rhoddodd wersi i Miss Hall. Ym 1845 treuliodd bron i fis yn Llanofer ac ym mis Medi 1848 bu'n diddanu trwy ganu caneuon megis 'Our Native Land' ac 'Out of Town' iddynt. Cynhaliwyd ymarferion yno hefyd ar y pryd ar gyfer cyfarfod y Cymreigyddion, a pherfformiodd un o forynion yr Arglwyddes gân y bwriadai ei chanu mewn cystadleuaeth. Bu'r telynor Thomas Gruffydd yn cyfeilio er mwyn i wyth o gantorion ymarfer canu penillion, a rhydd argraff pensil John Orlando Parry o'r sefyllfa ddarlun diddorol iawn i ni o'r paratoadau.[32] Ar Dachwedd 5, 1849

Tudalen o ddyddiadur John Orlando Parry

It was dreadfully hot in the Tent. — Anne did not go.

home by 10 minutes to 2 — We sang in a Tent — & the Quadrille Band — in the other Tent nearly drowned us once or twice. —

June 24th Saturday Evening

Welsh Concert at Lady Hall's

£6..16..6.. [28th Party]

150 people

Crown Prince of Wirtemburgh &c &c &c

(I conducted.)

1 — "The accomplished Young Lady." —
2 — "La Lezione di Canto." —
3 — "Duo con Serpentino" —

Mr Jones the Welsh Harper there — in full costume.

X. I had the Programmes lithographed with the "Feathers" & the "Hall" arms also a leek &c &c &c on the outside in gold — See the end of this Book

NB. The Concert consisted entirely of Welsh Music arranged by myself. — Miss Rainforth — The Misses Williams — Mr Hobbs, Miss Hall & Mr Ernest Bunsen, assisted me. — Anne was invited — Sir Benjamin Hall, brought the "Crown Prince" (?5) — to talk to her — They talked "familiarly on various subjects" — & I was soon convinced I was a "refined Chorister"! Sir B. Hall looked at her "Jams" coming down stairs — I sang the popular Ballad of "The Deluded One"!!!!

Tudalen o ddyddiadur John Orlando Parry

aeth i Lanofer, ac yno y dysgodd yr Arglwyddes a'i merch gainc 'Clychau Aberdyfi' iddo.

Roedd hyn i gyd ymysg ei berfformiadau lu mewn cyngherddau a phartïon preifat. Rhaid bod yna gyswllt agos rhyngddo ef ac Augusta Hall, ond nid ymddengys mai oherwydd unrhyw gefnogaeth i gerddoriaeth Gymreig oedd hyn, oherwydd cerddoriaeth Eidalaidd a Seisnig oedd crynswth ei *repertoire*. Cyfansoddodd ganeuon, alawon ac emynau yn arbennig ar gyfer Côr Llanofer ac erys enghreifftiau o rai gweithiau a gyfansoddwyd ganddo yn Llanofer ym 1865. Dwy gân o'i waith yw 'A Winter night's Song' a 'The Cuckoo';[33] ymddengys iddo ysgrifennu'r geiriau a'r gerddoriaeth ei hun, a defnyddia arddull ysgafn y theatr boblogaidd. Ceir ymdrech ganddo i gynnwys cyfeiriadau at y Llys yn y cyntaf:

> But these fears to dispel – get good Gruffydd to tell
> On his harp – how 'Harlechs' brave men,

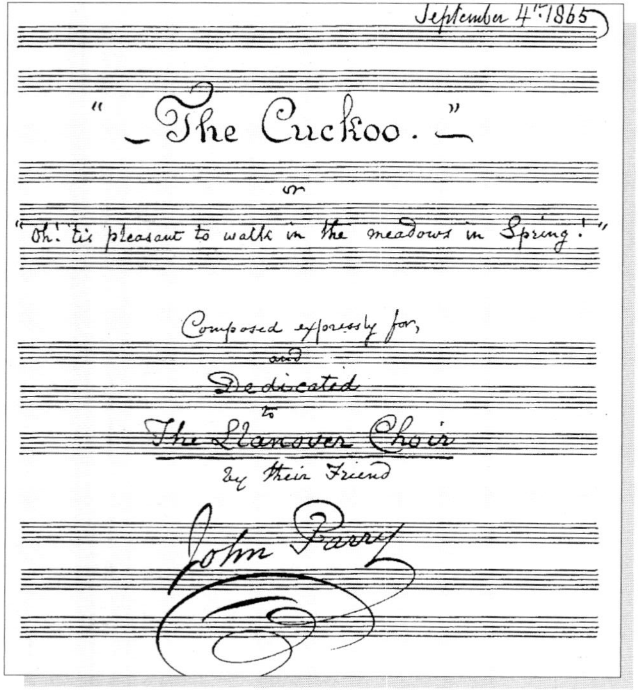

'The Cuckoo' gan John Orlando Parry

'Tŷ Uchaf' gan John Orlando Parry

March'd to battle and fought, – vetting danger at nought
Then 'Pen Rhaw' – 'Llwyn On' – 'Mentra Gwen'.

Profa hyn hefyd y gallai Arglwyddes Llanofer oddef cerddoriaeth Seisnig ei naws pe dymunai.

Cyfansoddodd ddau emyn hefyd ar gyfer y côr, sef 'Raglan' a 'Tŷ Gwyn'.[34] Mae'r cyntaf yn syml o ran harmoni, tra bod 'Tŷ Gwyn' yn debycach i anthem. Mae'n syml o ran harmoni hefyd, ond mae'n fwy mentrus ac yn ddramatig. Cyfansoddwyd alaw Gymreig ganddo hefyd o'r enw 'Tŷ Uchaf'[35] ar gyfer gwraig o'r enw Ann Jones. Eto, arddull syml a geir ganddo, gyda'r alaw ar ffurf ABA a choda byr ar y diwedd. Dengys y cyfansoddiadau hyn ei fod yn gyfarwydd iawn â'r llys a'i bobl, a bod ganddo ran weithredol yno fel cyfansoddwr. Dengys hefyd agwedd arall i ni ar weithgarwch Llys Llanofer: roedd yna groeso i'r cerddor proffesiynol, a thrwy ei ddawn berfformio a'i allu i gyfansoddi cyfoethogid bywyd cerddorol y plasty.

Trwy gyfrwng holl weithgarwch Llys Llanofer a'r cysylltiadau â cherddorion Cymreig a fagwyd gan Wenynen Gwent, gwelir sut y daeth yn ganolfan gerddorol, fyrlymus. Creodd o'i hamgylch gymdeithas o gerddorion enwog a phroffesiynol er mwyn cyfoethogi bywyd cerddorol ei chartref a chreu diddordeb yng ngherddoriaeth draddodiadol Cymru. Cefnogid sawl agwedd ar y gelfyddyd gan Augusta Hall ond canolbwynt naturiol y gweithgarwch a'r nawdd oedd y delyn deires, a gefnogid gan rai o'r unigolion a gasglodd o'i hamgylch. Ni ellir osgoi teimlo, ysywaeth, mai tynnu edefion tenau ynghyd oedd prif ddiben Gwenynen Gwent wrth wneud hyn. Dymunai greu gwe o gefnogwyr i ddal pwysau'r delyn Gymreig wrth iddi gwympo o lwyfan cerddorol y genedl, ond pe bai John Thomas 'Pencerdd Gwalia' wedi treulio ei oes yn sefyll yn y bwlch dros y delyn deires ai gwahanol fyddai'r hanes?

---

[1]FRASER, M. Lord Llanover's Last Years 1964-1867' Cylchgrawn Llyfrgell Genedlaethol Cymru cyf. 16, rhif 3, Haf 1970 t. 279. Hefyd, llythyr L6660, dyddiedig Medi 9, 1865, Llythyrau Dolaucothi, Llyfrgell Genedlaethol Cymru.

[2]Llythyr 1257 yng nghasgliad Aberpergwm, dyddiedig Mehefin 23, 1870, oddi wrth Miss Watts at Augusta Hall; Llyfrgell Genedlaethol Cymru.

[3]LLOYD, M. W.: Rhagarweiniad i Restr llythyrau Dolaucothi, cyf. 1 1980, Llyfrgell Genedlaethol Cymru.

[4]Llythyr L6660, dyddiedig Medi 9 1865, oddi wrth Augusta Hall at Betha Johnes, llythyrau Dolaucothi, Llyfrgell Genedlaethol Cymru.

[5]Llythyr L6663, llythyrau Dolaucothi, Llyfrgell Genedlaethol Cymru.

[6]WILLIAMS, Maria Jane: *Ancient National Airs of Gwent and Morganwg* (Llanymddyfri, 1844).

[7]Llsgr. LLGC CB6 (llsgr. Maxwell Fraser), sef nodiadau o ddyddiaduron yr Arglwyddes Greenly, t. 65.

[8]JAMES, Allan: 'Astudiaeth o'r geiriau a genir ar alawon Gwent a Morgannwg', MA Prifysgol Cymru, 1968, t. 59. Ceir y dyfyniad hwn yn llythyr rhif 228 oddi wrth Arglwyddes Llanofer at Taliesin ab Iolo, Mawrth 24, 1840, Llythyrau Taliesin ab Iolo, Llyfrgell Genedlaethol Cymru.

[9]Llythyr Augusta Hall at Taliesin ab Iolo Mawrth 25, 1841, Rhagarweiniad

Daniel Huws i *Ancient National Airs of Gwent and Morganwg,* (Caerdydd, 1988) ffacsimile o gynhyrchiad 1844, t. xvii.
[10]*ibid.* t. 60, ceir y dyfyniad hwn yn llythyr 235 oddi wrth Arglwyddes Llanofer at Taliesin ab Iolo, Tachwedd 9, 1840, Llythyrau Taliesin ab Iolo, Llyfrgell Genedlaethol Cymru.
[11]JONES, J. E.: 'Maria Jane Williams a cherddoriaeth werin Gymreig', Traethawd MA (Prifysgol Cymru) 1980. Ceir y dyfyniad yn llythyr 267, oddi wrth Augusta Hall at Taliesin ab Iolo, Chwefror 1843, Llythyrau Taliesin ab Iolo, Llyfrgell Genedlaethol Cymru.
[12]JAMES, Allan: *op. cit.* t. 63. Ceir y dyfyniad yn llythyr 265, oddi wrth Augusta Hall at Taliesin ab Iolo, Llythyrau Taliesin ab Iolo, Llyfrgell Genedlaethol Cymru.
[13]WILLIAMS, Jane: *op. cit.*, rhagarweiniad Daniel Huws, tt. xv-xx.
[14]Llsgr. LLGC 15168D a 16075E, Llyfrgell Genedlaethol Cymru.
[15]*op. cit.*, Llsgr. 16075E.
[16]Tystiolaeth lafar gan Daniel Huws.
[17]*op. cit.*, Llsgr. LLGC 16075E, f. 17.
[18]*ibid.* f. 11.
[19]RICHARDS, Brinley: *Songs of Wales* (Llundain, 1879).
[20]ROBERTS, J. H.: 'Brinley Richards II' *Y Geninen* cyf. 4 rhif 4, 1886, t. 277.
[21]Llsgr. LLGC 21822D, llythyr dyddiedig Awst 21, 1853 ar t. 39 a t. 40, Llyfrgell Genedlaethol Cymru.
[22]*ibid.*, llythyr dyddiedig 1851, t. 21.
[23]*ibid.*, t. 27.
[24]JARMAN, E. ac A. O. H.: *Y Sipsiwn Cymreig* (Caerdydd, 1979) t. 130. Llythyr Louisa Ramsay at ei gŵr.
[25]Llythyr L9773, dyddiedig Mawrth 26, 1896, oddi wrth John Thomas at Betha Johnes, Dolaucothi. Llythyrau Dolaucothi, Llyfrgell Genedlaethol Cymru.
[26]THOMAS, J.: 'Music and Musicians, as relating to Wales' *Transactions of the Liverpool Welsh National Society*, 1885-6, t. 93.
[27]*A Collection of Welch Airs* (Llundain, 1810), *A Selection of Welsh Melodies* (Llundain, 1809), *A Selection of Welsh Melodies* (Llundain 1821, 1822 & 1829), *The Welsh Harper* (cyf. 1, 1839 a chyf. 2, 1848, Llundain).
[28]Llsgr. 1.694, Caerdydd, Llyfrgell Sir Caerdydd.
[29]Llsgr. LLGC 17728A, 17729-30B, 17731-32D, 17734E, Llyfrgell Genedlaethol Cymru.
[30]Llsgr. LLGC 17730B, Llyfrgell Genedlaethol Cymru.
[31]Llsgr. LLGC 17731D, Mehefin 24, Llyfrgell Genedlaethol Cymru.
[32]Llsgr. LLGC 17728A, Medi 16, Llyfrgell Genedlaethol Cymru.
[33]Llsgr. 8287D, Llyfrgell Genedlaethol Cymru.
[34]*ibid.*
[35]Llsgr. LLGC 8288D, Llyfrgell Genedlaethol Cymru.

6

'Gwenynen Gwent yr Ail'

Siglwyd ei chryd yn sŵn y delyn deir-res, a miwsig hen alawon Cymru lanwai awyrgylch Plas Llanofer.

Evan Price

Un ferch a oroesodd Arglwyddes Llanofer, sef Augusta Charlotte Elizabeth Herbert (1824-1912). Ynddi cafodd ystâd Llanofer etifeddes deilwng iawn a garai ei gwlad, ei hiaith a'i llenyddiaeth gydag angerdd. Fe'i maged yn sŵn y delyn deires a thraddodiadau Cymru, a bu'n gydymaith i'w mam wrth iddi droi ymysg y cylchoedd eisteddfodol a'r cylchoedd bonheddig fel ei gilydd. Priododd Augusta Charlotte â John Arthur Jones, Llanarth (ger Llanofer) ym 1846 a newidiodd ef ei gyfenw i Herbert ym 1848.

Wedi i Wenynen Gwent farw, bu ei dylanwad fyw ym mherson ei merch, Gwenynen Gwent yr Ail. Ymgymerodd hithau â'r dasg o feithrin y diwylliant brodorol drwy hybu a noddi yn yr arddull Llanoferaidd cyfarwydd. Siaradai Augusta Herbert well Cymraeg na'i mam (dylanwad Carnhuanawc a'i debyg, mae'n siŵr) a chartref Cymreicach a grëwyd yn y plas. Roedd ganddi ddiddordeb yn y delyn deires a chanu gyda'r tannau, a bu'n cynnal telynorion ac yn cefnogi datgeiniaid. Yn fwy allweddol na'i gweithredoedd, fodd bynnag, oedd ei chymeriad a'i phenderfyniad i gyflawni dymuniadau ei chalon, ac yn hyn dilynai ôl traed ei mam. Hyn fu'n fodd iddi barhau i gynnal y traddodiadau Cymreig yn Llanofer yn ystod ei hoes hi.

Hawdd fyddai gorbwysleisio dylanwad Augusta Hall ar ei merch, heb roi clod teilwng i Wenynen Gwent yr Ail, ac wrth ystyried ei chyfraniad i gerddoriaeth yng Nghymru dylid nodi fod gan Augusta Herbert ddiddordeb personol yn y delyn deires, oherwydd ym mis Awst 1899, ysgrifennodd David Watts, Swyddfa Ystâd Llanofer, ar ei rhan at nifer o delynorion yng Nghymru. O'r atebion a dderbyniodd[1] gellir casglu iddo ofyn am fanylion ynghylch telynorion Cymreig a gallu'r gohebwyr i ganu'r delyn deires ac i siarad Cymraeg. Ni wyddys i sicrwydd a wnaeth Augusta Hall ymchwil debyg yn ystod ei hoes hi, ond ymdrechodd ei merch i holi ar ei liwt ei hun i sefyllfa'r offeryn cenedlaethol a chrynhoi gwybodaeth berthnasol yn ei gylch.

Cynhwysa'r chwech o lythyron a ddanfonwyd yn ôl ato atebion amrywiol. Ymddiheurai John Bryant, Efail Isaf, mai'r delyn bedal yn unig a ganai, er fe fedrai'r Gymraeg. Gallai James Williams, Cathays, siarad Cymraeg a chanu'r delyn deires. Roedd Robert Jones, Llangollen ac E. Wood Jones, Y Bala yn medru'r Gymraeg a chanent y delyn deires. Roedd dau fab Mary Pearce, gweddw William Pearce, 'Telynor y Bryniau', yn canu'r deires ond ni wyddai am neb arall yn Y Rhondda a'i canai. Canai pum aelod o deulu John Jones, 'Telynor Môn', Llannerch-y-medd, y delyn deires a bu'r tri mab yn cystadlu yng nghystadleuaeth Arglwyddes Llanofer yn Abertawe. Crynhowyd yr holl wybodaeth ar daflen ar gyfer Mrs Herbert.

Yr ail fater sy'n dangos ysbryd annibynnol a chyfraniad unigryw Augusta Herbert yw ei rhan yn y gwaith o gyhoeddi *Manual or Method of Instruction for playing the Welsh Harp*,[2] sef yr unig gyfrol o ymarferion ar gyfer y delyn deires a gyhoeddwyd erioed. Ar draul Gwenynen Gwent yr Ail y cyhoeddwyd y llyfr o waith Ellis Roberts, 'Eos Meirion' (1819-1873), un o brif delynorion ei oes a fedrai'r delyn deires ac a enillodd wobrau eisteddfodol ar yr offeryn. Enillodd y gwaith hwn y wobr gyntaf yn Eisteddfod Fawr Llangollen ym 1858, ond aeth y llawysgrif ar goll am gyfnod hir. Daeth David Parry, Lerpwl, o hyd i'r llawysgrif wreiddiol ac fe'i cyhoeddwyd ym 1902 gyda Gwenynen Gwent yr Ail yn amlinellu ei dymuniadau yn y rhagarweiniad:

> Gobeithiaf bellach nad oes esgus gan neb i ddywedyd nad oes llyfr i ddysgu'r DELYN DAIR-RHES mewn bod. Gobeithiaf

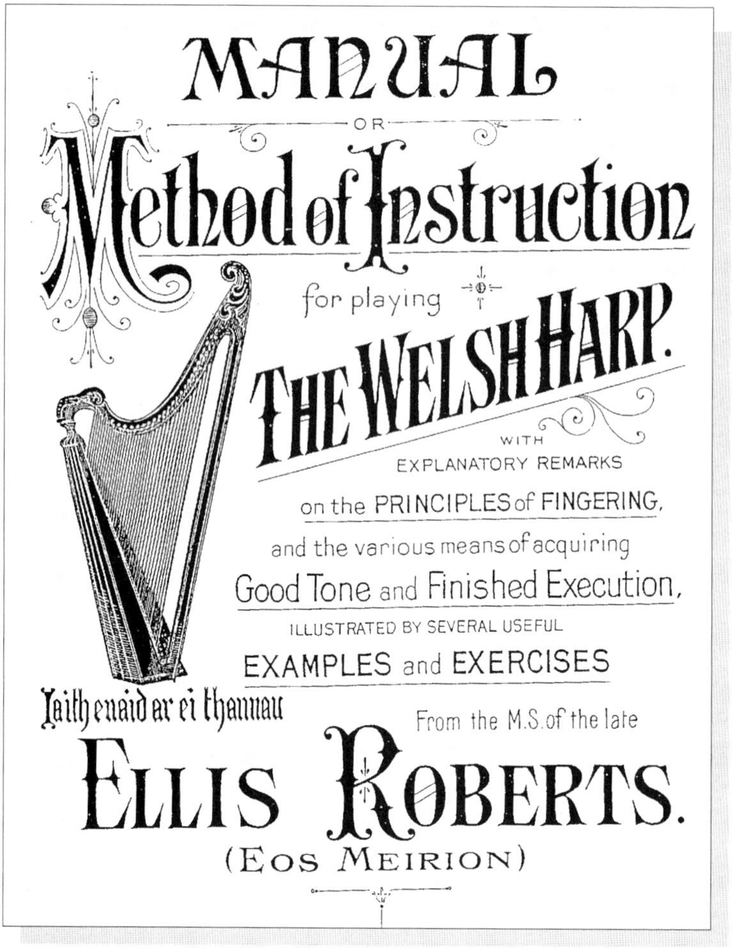
MANUAL
OR
Method of Instruction
for playing
THE WELSH HARP.
WITH
EXPLANATORY REMARKS
on the PRINCIPLES of FINGERING,
and the various means of acquiring
Good Tone and Finished Execution,
ILLUSTRATED BY SEVERAL USEFUL
EXAMPLES and EXERCISES
Iaith enaid ar ei thannau
From the M.S. of the late
ELLIS ROBERTS.
(EOS MEIRION)

Blaenddalen 'Manual or Method of Instruction for Playing the Welsh Harp'

> hefyd y cynydda yn gyflym yr ymarferiad ar yr offer cerdd priodol i'n gwlad.[3]

Dyma gam cadarnhaol o du Augusta Herbert: ymgais bendant i addysgu telynorion ym maes y delyn deires a hybu diddordeb yn yr offeryn. Detholwyd yr esiamplau cerddorol a ddefnyddid yn y gyfrol, fodd bynnag, o ymarferion a grëwyd gan R. N. C. Bochsa (1789-1856), ac o'r herwydd nid ydynt yn gymorth i ymarfer techneg sydd yn gyfyngedig i'r delyn deires. Nid yw'r gyfrol ychwaith yn ymdrin â'r anawsterau sy'n wynebu'r telynor teires, yn enwedig y trafferthion a grëir wrth i'r perfformiwr geisio canu tannau'r rhes ganol.

Parhaodd Gwenynen Gwent yr Ail hefyd i noddi telynorion yn y dull traddodiadol, fel y gwnaeth ei mam. Bu S. B. Gruffydd Richards yn gwasanaethu fel telynores tan i Mrs Herbert farw ym 1912, gan gynnal llawer o weithgarwch ym myd y delyn deires trwy barhau i ddysgu telynorion a ffurfio côr telynau teires. Daeth telynorion eraill yn gysylltiedig â'r llys, megis Pedr James, un a fagwyd yn sain y traddodiadau a gynhelid yno. Saer coed ar yr ystâd oedd ef ac fe ddysgodd greu telynau teires, gan gynnwys rhai a ganwyd yn Eisteddfod Genedlaethol Y Fenni ym 1913. Canai benillion i gyfeiliant telyn Mrs Richards a bu'n cystadlu hefyd ar ganu'r delyn, fel y gwnaeth ym Mangor ym 1902. Arferai Miss Maggie Jones, un o'r telynorion eraill, ganu'r delyn yn Llanofer hefyd. Mae'n bosibl mai Maggie Ann Jones (bl. 1915), merch Wiliam Jones, 'Telynor Gwalia' (1873-1914) oedd hi. Arferai berfformio yn Llannerch-y-medd a chanai ef y delyn deires a'r delyn bedal. Brawd ydoedd i Robert Jones ac Owen Jones.

Gwyddys i Augusta Herbert ddilyn arfer ei mam a chynnig ysgoloriaethau a chyfle i unigolion dreulio amser yn Llanofer yn dysgu mwy am yr offeryn cenedlaethol, o dan arweiniad Mrs S. B. Gruffydd Richards. Un a aeth i Lanofer ym 1912 i gael gwrandawiad ger bron Sussanah Richards ac Augusta Herbert er mwyn derbyn y fath gyfle oedd Laura M. Jones, 'Telynores Gwynedd' (1892-?), telynores fu'n gyfeilydd, yn berfformwraig ac yn athrawes. Fe'i ganwyd yng Ngherrigydrudion, ac ymddengys iddi fod yn gantores dda a medrai'r delyn bedal a'r delyn deires. Clywodd fod Mrs Herbert yn cynnig ysgoloriaethau i delynorion ifanc, ac fe'i gwahoddwyd yno i ganu tair alaw iddynt, sef 'Pant Corlan yr ŵyn', 'Pen Rhaw' a 'Nos Galan'. Boddhawyd y ddwy gan ei gallu i'w canu o'r glust, a bu yn Llanofer am flwyddyn a hanner yn dysgu'r delyn deires. Mae'n amlwg fod Mrs Richards yn athrawes ardderchog:

Pedr James

yn mynnu ac yn ennyn y ddisgyblaeth a'r ymroddiad llwyraf oddi wrth ei disgyblion.[4]

Dysgodd Telynores Gwynedd i ganu'r offeryn ar yr ysgwydd chwith, gyda'r llaw chwith yn canu'r alaw, yn ôl y dull traddodiadol. Arhosodd yng Nghwm Rhondda am un mlynedd ar bymtheg, gan ganu'r delyn yng nghymdeithasau diwylliannol y Cwm a bu'n gwasanaethu mewn eisteddfodau a chyngherddau ledled Cymru. Rhoddodd hithau wersi i nifer o delynorion yn ystod ei hoes, a thrwy ymgyrch gychwynnol Arglwyddes Llanofer i addysgu telynorion, a pharhad ei merch yn yr un maes, cafwyd dylanwad ar genedlaethau o delynorion Cymreig.

Telynor arall a dderbyniodd ran o'i addysg gerddorol yn Llanofer oedd Dafydd Roberts, 'Telynor Mawddwy' (1875-1956), hyrwyddwr crefft cerdd dannau ac aelod gweithgar o Gymdeithas Cerdd Dant Cymru. Mewn un ffynhonnell ceir cyfeiriad at ei gysylltiad anuniongyrchol â Llanofer yn y disgrifiad o'i delyn gyntaf:

> Telyn ydoedd o waith Abram Jeremeia a oedd yn saer ac yn delynor i deulu Llanofer ac a hanai o deulu Jerry Bach – teulu telynorion Tre'r Ddôl, Sir Aberteifi.[5]

Telyn o wneuthuriad John Wood Jones y cofnodir iddo ei pherchnogi.[6] Ceir dwy fersiwn o'r hanes ynghylch sut y daeth Dafydd Roberts i gysylltiad â Mrs Herbert. Yn ôl un stori cynigodd Augusta Herbert le iddo yn Llanofer fel myfyriwr canu penillion wedi iddi ei glywed yn cystadlu ac yn ennill gwobrau am ganu cerdd dant gyda'r delyn yn Eisteddfod Lerpwl ym 1900.[7] Roedd un o'r gwobrau yn yr ŵyl honno'n rhoddedig gan Mrs Herbert. Ail fersiwn o'r un hanesyn yw iddo ysgrifennu ati i fynegi ei awydd i dreulio peth amser yn Llanofer.[8] Bu Dafydd Roberts yn ail delynor i'r llys, a diddanai'r gwesteion trwy ganu'r offeryn yn yr oriel gerdd uwch ben y neuadd a chan ganu penillion i gyfeiliant 'Pencerddes y De'. Aeth at organydd yng Nghasnewydd o'r enw Valentino Charles i gael mwy o wersi cerddoriaeth, ond Llanofer fu'n derbyn y clod am yr addysg drwyadl a dderbyniodd Telynor Mawddwy:

> Y pwynt mawr yw mai yn Llanofer y cafodd ddatblygu yr addysg gerddorol a gafodd gartref yn Nantynodyn. Yno y rhoddwyd safon iddi.[9]

Yn ôl un cofiannydd[10] bu yn Llanofer am chwe blynedd, yn hytrach na'r ddwy flynedd arferol y treuliai cerddor yn y plasty, ac yn ystod y cyfnod hwnnw perfformiodd yn y Gyngres Geltaidd gydag S. B. Gruffydd Richards.

Telynor Mawddwy ac S. B. Gruffydd Richards gyda grŵp o Lydawyr

Cyhoeddodd gyfrolau i hyrwyddo cerdd dannau, yn eu plith *Y Tant Aur*[11] y gwerslyfr cyntaf ar ganu penillion. Bu'n fuddugol ar gystadlaethau'r delyn deires a chanu penillion yn yr Eisteddfod Genedlaethol ar droad y ganrif ond erbyn hyn cofir yn bennaf amdano yn canu ei delyn ar draeth y Bermo, lle y diddanai'r ymwelwyr yn ystod misoedd yr haf.

Telynor arall a gafodd nawdd yn Llanofer oedd Llyfni Huws, Pen-y-groes (1889-1962). Ysgrifennodd yntau at Augusta Herbert ym 1906 a 1907[12] yn gofyn a allai dderbyn hyfforddiant ar y delyn am mai prin oedd ei wybodaeth o'r offeryn. Cafodd ei ddymuniad a derbyniodd wersi gan S. B. Gruffydd Richards. Bu'n lletya gyda Mr O. Lewis, 'Madog Môn', bardd y llys a gwneuthurwr telynau teires uchel ei barch. Mae'n debyg i Lyfni Huws ddysgu ei grefft yn dda tra oedd yno, oherwydd gallai atgyweirio telynau ac enillodd boblogrwydd yn ei dro fel hyrwyddwr cerdd dant. Arferai gynnal cyngherddau o gerddoriaeth Gymreig, ac ef a'i wraig Mallt gyflwynodd gystadleuaeth y ddeuawd cerdd dant i'r Eisteddfod Genedlaethol. Cyhoeddodd hefyd gyfrolau o

Llyfni Huws

gyfarwyddiadau, rheolau a gosodiadau o dan y teitl *Aelwyd y Delyn.*[13] Bu'n cydweithio â Dafydd Roberts, Telynor Mawddwy, yn Llys Llanofer ac wedi hynny bu'n cynnal cyngherddau yn ei gwmni yn y Bermo a chyda Mallt ei wraig ledled Cymru, yn ogystal â chanu'r delyn bedal.

Bu'r tri thelynor uchod yn cydchwarae fel rhan o gynllun arall gan Augusta Herbert, sef côr o delynau teires fu'n perfformio'n ystod Eisteddfod Genedlaethol y Fenni ym 1913. Wrth i'r eisteddfod hon gael ei pharatoi pwysleisiodd Gwenynen Gwent yr Ail bwysigrwydd yr elfen Gymreig ac o dan ei dylanwad rhoddwyd lle anrhydeddus i ganu penillion, a chafwyd cystadlaethau ar ganu'r delyn deires ac un ar gyfer creu telyn Gymreig. Roedd Mrs Herbert eisoes wedi cefnogi'r offeryn cenedlaethol drwy gynnig gwobrau ar gyfer cystadlaethau canu'r delyn deires yn Eisteddfodau Cenedlaethol Lerpwl 1900 a Bangor 1902, lle cyflwynwyd telyn newydd i'r enillydd.

Denwyd mwy o sylw at yr offeryn cenedlaethol yn Eisteddfod Genedlaethol y Fenni ym 1913 trwy gyfrwng presenoldeb côr telynau teires Llanofer. Roedd yna draddodiad o ganu telynau teires ar ffurf *ensemble* yn bodoli eisoes yn Llys Llanofer, oherwydd bu grwpiau tebyg yn diddanu yng nghyfnod Augusta Hall. Parhawyd yr arfer gan ei merch a drefnodd fod côr telynau'r llys yn chwarae rhan flaenllaw yn nigwyddiadau prifwyl y Fenni. Stanley Jones 'Telynor y Bryniau', Teresa Monkley (Gilwern), Llyfni Huws, Mrs M. Davies (Pontnewynydd), Enid Walters (Llanofer), Mrs Gruffydd Richards, Pedr James a Dafydd Roberts, Telynor Mawddwy oedd ei aelodau.

Bu farw Augusta Herbert cyn iddi weld gwireddu ei chynlluniau, ond aeth S. B. Gruffydd Richards yn ei blaen i baratoi'r telynorion ar gyfer yr achlysur. Gwnaeth ymdrechion Augusta Herbert er budd y delyn deires argraff fawr ar ambell unigolyn, gymaint felly fel y gwnaethpwyd sylwadau cyfarwydd eu naws ynghylch y statws a roddwyd i'r delyn deires:

> Gresyn fod dylanwad Llanofer, trwy hawlio parhad o'i hen ddull cyntefig, yn cael ei gario i'r eithafion ag y gwnaed yn Eisteddfod y Fenni eleni; a dylai awdurdod Gorsedd yr Eisteddfod roddi terfyn pendant ar y croes-dynnu annymunol sydd yn parhau y naill flwyddyn ar ôl y llall...[14]

Sylwodd awdur y llythyr hwn hefyd ar yr anoddefgarwch at y delyn bedal, a gwelir barn cefnogwyr y delyn deires a'r delyn

Côr telynau teires Llanofer, 1913

bedal yn croesdynnu unwaith eto, fel y gwnaethant flynyddoedd ynghynt:

> Dylai yr eiddigedd a'r sêl Llanoferaidd dros y delyn deir-rhes sylweddoli mai merch iddi ydyw y delyn bedawl, ac nid estron a thrwy hyny roddi pob cefnogaeth iddi ar yr aelwyd... a rhyddid led y pen i bob telynor ganu'r delyn yn y modd a'r dull y mynno...[15]

Er gwaethaf y fath bwysau o du cefnogwyr y delyn bedal, arddangos 'yr eiddigedd a'r sêl Llanoferaidd' wnaeth Augusta Herbert ar hyd ei hoes. Bu'n brwydro i sicrhau parhad i draddodiad y delyn deires yng Nghymru ac ni phlygodd i ddymuniadau'r rhai a gefnogai'r delyn 'ddatblygiedig'. Hyn, mae'n siŵr oedd ffrwyth yr addysg a dderbyniodd gan arbenigwraig y maes.

---

[1]Llsgr. D.1210.827, Swyddfa Gofnodion Gwent.

[2]ROBERTS, Ellis: *Manual or Method of Instruction for playing the Welsh Harp* (Llundain & UDA, 1903).

[3]Rhagymadrodd *Manual or Method of Instruction for playing the Welsh Harp.*

[4]GWYNDAF, R: 'Teulu a Thelyn: Telynores Maldwyn, Dei Llwyn Cwpwl, Telynores Gwynedd a Phlas Llanofer', *Allwedd y Tannau* rhif 36 (Dinbych, 1977) t. 64.

[5]PUW, Emyr ac ALUN, Ifan: 'D'ewyrth Dafydd – Y Telynor Dall', *Allwedd y Tannau*, rhif 34 (Dinbych, 1975) Rhifyn Coffa Telynor Mawddwy, t. 56.

[6]MORGAN, Parch. G.: 'Mr David Roberts, Llys y Delyn, Abermaw. Cymeriad', *Allwedd y Tannau* rhif 34 (Dinbych, 1975) Rhifyn Coffa Telynor Mawddwy, t. 22.

[7]PUW, Emyr & ALUN, Ifan: *op. cit.* t. 57.

[8]MORGAN, Parch. G.: *op. cit.* t. 22.

[9]PUW, Emyr ac ALUN, Ifan: *op. cit.* t. 57.

[10]MORGAN, Parch. G.: *op. cit.* t. 23.

[11]ROBERTS, David: *Y Tant Aur,* sef gwers-lyfr ar ganu gyda'r delyn (Abermaw, 1911).

[12]Llsgr. D. 1210.1508.11, Swyddfa Gofnodion Gwent.

[13]Cyhoeddwyd pedair cyfrol o *Aelwyd y Delyn*, sef gwers-lyfr canu gyda'r tannau: rhan I – 1930 (sol-ffa), rhan II – 1944 (hen nodiant), rhan III – 1951 (hen nodiant) a rhan IV – 1952 (hen nodiant).

[14]Dyfyniad o lythyr at olygydd *Y Brython* gan 'a'm dwylo ar y delyn', yn llsgr. A.W.C. 2448, llyfr lloffion Miss Laura M. Jones.

[15]*ibid.*

7

Dwy Frenhines

Tra bryn a dyffryn a dôl—a thelyn
A thalent farddonol,
Pery mad siarad siriol
Y wlad hon am Lady Hall.

Ieuan Gwynedd

Cymeriad lliwgar, angerddol a gyfrannodd at sawl agwedd ar ddiwylliant Cymreig oedd Gwenynen Gwent. Yn wir, yn wyneb maint ei gweithgarwch yn ystod y bedwaredd ganrif ar bymtheg, ni ellir gwerthfawrogi'n llwyr ddylanwad ei nawdd ar fywyd a thraddodiadau'r genedl. I Gymry'r cyfnod, unigolyn rhyfedd ac ecsentrig oedd Augusta Hall a fynnai gadw at yr hen arferion oedd o dan fygythiad er gwaethaf newidiadau'r oes. Gafaelodd yn dynn yn syniadau rhamantaidd dechrau'r bedwaredd ganrif ar bymtheg ac ymwthiodd yn erbyn llif yr oes fel 'llong ar lawn hwyl'. Roedd hi'n destun rhyfeddod na ellid ei anwybyddu a cheisiodd rhai roi terfyn ar ei chwynion a'i brwdfrydedd. Ni allai Augusta Hall wynebu methiant, fodd bynnag, a brwydrodd yn galed er mwyn gweld ffrwyth ei llafur:

> The Queen of England sometimes has her own way; the Queen of South Wales *always*.[1]

Er i rai ei hystyried yn ffenomen nwydwyllt, yr oedd rheswm a threfn y tu ôl i'w syniadau a'i chynlluniau, ac nid mympwy a'i rheolai. Edrychai'n wrthrychol ar wahanol sefyllfaoedd, a phan welai'r angen ymatebai mewn ffordd adeiladol oedd bob amser o fewn ei gallu a'i modd. Cynigiai nawdd ariannol, cymorth ymarferol a brwdfrydedd anghymharol i achosion o'i hamgylch, a gwyddai'n dda sut i ddefnyddio'i dylanwad a'i statws fel Arglwyddes. Bu'n ymgorfforiad o arwyddair ei theulu a chwythodd anadl einioes i 'Ni ddaw da o hir arofyn'. Nid gwraig y bwriadau oedd Augusta Hall, ond gwraig y campau a'r gorchestion.

Arwyddair Llanofer

Hoffai Gwenynen Gwent greu sioe wrth gefnogi unrhyw agwedd ar ddiwylliant ac roedd yr elfen weledol o bwys mawr iddi. Mae'n siŵr y bu Cylchwyliau'r Fenni'n ysbrydoliaeth i'w gweithgareddau ac wedi iddynt hwy ddarfod fe barhaodd Augusta â'r un syniadaeth a'r un brwdfrydedd. Meddai ar yr un athrawiaeth ramantaidd fu'n sail i'r Eisteddfodau hynny a gellir dweud nad gwraig o flaen ei hoes oedd hi ond yn hytrach gwraig ar ôl ei hoes. Gwreichionen ydoedd o dân a wrthododd ddiffodd er gwaethaf yr oerni, ac yn y wreichionen honno cafwyd fflach o obaith i oleuo cyfnod newydd o ailddarganfod ac o amddiffyn y traddodiadau brodorol. Camp yn wir oedd ei chefnogaeth i'r delyn deires a hi sy'n haeddu'r clod am ei chefnogi ag angerdd na welwyd ei fath erioed yn hanes yr offeryn. Ond a oedd ei gweithgarwch, yn rhannol, yn ganlyniad i'w dymuniad i weld ei chynlluniau personol yn llwyddo? Neu, ai dim ond gwir bryder ynghylch diffyg cefnogaeth y Cymry fu'n ei chymell i ennyn diddordeb yn y delyn deires?

Anodd yw pwyso a mesur ei rhesymau dros weithredu, ond eto i gyd ni allai Cymru fod wedi gobeithio am well person nag Augusta Hall i gefnogi offeryn a ddaeth yn symbol o genedlaetholdeb, yn ddolen gyswllt â'r gorffennol ac yn gynhaliwr i gerddoriaeth draddodiadol y genedl. Ni ellir dweud a fyddai'r delyn deires wedi goroesi heb gefnogaeth yr Arglwyddes ac ni wyddys a fyddai nawdd llai amlwg wedi effeithio gymaint ar hanes yr offeryn. Diddorol fyddai gwybod a leihaodd y gefnogaeth i'r offeryn oherwydd dulliau eithafol Augusta? Gwelir, fodd bynnag, i'w nawdd fod yn allweddol am iddi gefnogi'r holl agweddau o bwys wrth sicrhau dyfodol i'r offeryn – yn eu plith, y telynorion traddodiadol, y disgyblion ysgoloriaethol, y gwneuthurwyr a'r cystadlaethau.

Aeth blynyddoedd heibio cyn i Gymru weld unigolyn brwdfrydig arall yn sefyll dros achos y delyn draddodiadol. Telynores teires a drwythwyd yn nhraddodiadau'r sipsiwn Cymreig yn ogystal â'r rhai brodorol oedd Nansi Richards 'Telynores Maldwyn' (1888-1979).[2] O ran gyrfa a safle roedd hi'n annhebyg iawn i Augusta Hall: lle nad oedd gan yr Arglwyddes y ddawn na'r gallu cerddorol i fod yn delynores gyhoeddus, perfformwraig oedd Nansi fu'n gennad ar ran y delyn deires. Lle defnyddiodd y foneddiges ei hadnoddau ariannol i gefnogi'r offeryn, roedd Nansi o'i chymharu â hi yn faterol dlawd. Er y gwahaniaethau amlwg rhyngddynt, fodd bynnag, yr un oedd eu bwriadau a hebddynt byddai byd y delyn deires gymaint tlotach. Daeth Nansi Richards i ymgorffori'r delyn 'Gymreig', a threuliodd flynyddoedd yn ei chanu, gan ddangos i Gymru a'r tu hwnt fod yma delyn gwerth ei chadw.

Nansi Richards Jones

Ymdrechion Arglwyddes y delyn deires roddodd ysbrydoliaeth i Nansi, 'Brenhines y delyn deires'. Gallai gydymdeimlo ac uniaethu â'r wraig benderfynol a fu'n brwydro ar hyd ei hoes dros yr offeryn Cymreig. Pan na welai neb arall ond Nansi bwysigrwydd cynnal y traddodiad, roedd ganddi eilun o'r gorffennol yn gysur ac yn batrwm i'w efelychu:

> all harpists said I was 'coddling' + loosing tune trying to revive it let them all realise + remember another English lady's enthusiasm, she was the late A(u)gusta hall, known to us all as 'Gwenynen Gwent'...[3]

---

[1]HARE, A. J. C.: *The Story of my Life* (Llundain, 1900) cyf. 5, t. 228.
[2]Ganed Nansi Richards 'Telynores Maldwyn' ar Fferm Pen-y-bont-fawr, Trefaldwyn. Canai'r delyn bedal yn ogystal â'r delyn deires a pherfformiai gyda Chôr Telyn Eryri. Bu'n aelod o ENSA hefyd yn ystod yr ail ryfel byd.
[3]ROBERTS, N. G.: 'Nansi'r llythyrwr', *Barn* rhif 334, Tachwedd (Abertawe, 1990) t. 18.

Llyfryddiaeth

Cyfrolau Cyhoeddedig

ANRHYDEDDUS GYMDEITHAS Y CYMMRODORION: Y *Bywgraffiadur Cymreig Hyd 1940* (Llundain, 1953)
BESSBOROUGH, Earl (gol.): *The Diaries of Lady Charlotte Guest* (Llundain, 1950)
BETTS, C.: *A Oedd Heddwch?* (Caerdydd, 1978)
BLAKE, Loïs: *Welsh Folk Dance* (Llangollen, 1948)
BRADNEY, Sir J.: *A History of Monmouthshire* cyf. 1, rhan 2b (Llundain, 1992)
DAVIES, J.: *Cardiff and the Marquesses of Bute* (Caerdydd, 1981)
EDWARDS, H. T.: Gŵyl Gwalia (Llandysul, 1980)
EDWARDS, H. T.: *Yr Eisteddfod* (Llys yr Eisteddfod, 1976)
ELLIS, O.: *The Story of the harp in Wales* (Caerdydd, 1991)
ELLIS, T. I.: *Crwydro Mynwy* (Llandybie, 1958)
EVANS, D. T. (gol.): *Royal National Eisteddfod Cardiff 1883 Transactions* (Caerdydd, 1884)
EVANS, E. K.: *Cofiant Dr. Joseph Parry* (Caerdydd, 1921)
EVANS, G.: *Seiri Cenedl* (Llandysul, 1986)
EVANS, W. G.: *History of Llandovery College* (Llanymddyfri, 1981)
FAIRFAX-LUCY, A.: *Mistress of Charlecote* (Llundain, 1987)
GRIFFITH, R.: *Llyfr Cerdd Dannau* (Caernarfon, 1913)
GUEST, R. & JOHN, A. V.: *Lady Charlotte – A Biography of the Nineteenth Century* (Llundain, 1989)
GWILYM, I ap: *Y Traddodiad Cerddorol yng Nghymru* (Abertawe, 1978)
GWYNEDD, I. (gol.): *Y Gymraes* (Caerdydd 1850-1)
HARE, A. J. C.: *The Story of My Life*, cyfrol 5 (Llundain, 1900)
JARMAN, E. ac A. O. H.: *Y Sipsiwn Cymreig* (Caerdydd, 1979)
JENKINS, R. T. & RAMAGE, H. M.: *The History of the Honourable Society of Cymmrodorion 1751-1951* (Llundain, 1951)
JOHN, A. V. (gol.): *Our Mothers' Land* (Caerdydd, 1991)
JONES, A. H.: *His Lordship's Obedient Servant* (Llandysul, 1987)
JONES, I. G.: *Communities* (Llandysul, 1987)
JONES, J.: *Hanes a Henafiaeth Canu Gyda'r Tannau* (Llundain, 1885)
JONES, M. O.: *Bywgraffiaeth Cerddorion Cymreig* (Caerdydd, 1890)

JONES, T.: *Eisteddfod Genedlaethol Aberystwyth 1865* (Llandysul, 1992)
LLANOVER, Rt Hon Lady: *The Autobiography and correspondence of Mary Granville, Mrs. Delany* (Llundain, 1861-2) dwy gyfres, tair cyfrol yr un
LLYS YR EISTEDDFOD GENEDLAETHOL:
Rhaglen Swyddogol Eisteddfod Genedlaethol y Fenni 1913
Royal National Eisteddfod Cardiff 1883 (Caerdydd, 1884)
Liverpool National Eisteddfod 1884 Transactions (Lerpwl, 1885)
Cofnodion a Chyfansoddiadau buddugol Eisteddfod Lerpwl 1900 (Lerpwl, 1901)
Cofnodion a Chyfansoddiadau buddugol Eisteddfod Bangor 1902 (Lerpwl, 1903)
Cofnodion a chyfansoddiadau Eisteddfod Genedlaethol Caernarfon 1886 (Lerpwl, 1888)
LORD, Peter: *Y Chwaer-Dduwies – Celf, Crefft a'r Eisteddfod* (Llandysul, 1992)
MELLOR, Hugh: *Welsh Folk Dances* (Llundain, 1935)
MILES, D.: *The Royal National Eisteddfod of Wales* (Abertawe, 1978)
MORGAN, P.: *The Eighteenth-century Renaissance* (Llandybie, 1981)
MORGAN, P.: *Gwenynen Gwent* (Casnewydd, 1988)
MORGAN, P. (gol.): *Brad y Llyfrau Gleision* (Llandysul, 1991)
NICHOLAS, T.: *Annals and Antiquities of the Counties and County Families of Wales*, cyf. 2 (Llundain, 1872) tt. 716-7
PHILLIPS, D. R.: *The History of the Vale of Neath* (Abertawe, 1925)
ROBERTS, E. E.: *John Roberts Telynor Cymru* (Dinbych, 1978)
ROBERTS, M.: *Seiri Telyn Cymru* (Llanrwst, 1992)
ROBERTS, W.: *Crefydd yr Oesoedd Tywyll* (Caerfyrddin, 1852)
RODERICK, A.(gol.): *Travels in Gwent* (Casnewydd, 1992)
RODERICK, A: *The Music of Fair tongues: the story of the Welsh language in Gwent* rhan 2 (Casnewydd, 1987)
ROSSER, A.: *Telyn a Thelynor* (Caerdydd, 1981)
SAER, D. R.: *Y Delyn yng Nghymru mewn lluniau* (Llandysul, 1991)
STEPHENS, M. (gol.): *Cydymaith i Lenyddiaeth Cymru* (Caerdydd, 1986)
THOMAS, M. E.: *Afiaith yng Ngwent* (Caerdydd, 1978)
THOMAS, Wyn: *Llyfryddiaeth Cerddoriaeth Draddodiadol Cymru* (Caerdydd, 1983)
VAUGHAN, H. M.: *South Wales Squires* (Llundain, 1926)
WILLIAMS, Jane: *The Literary Remains of the Rev. Thomas Price, Carnhuanawc* cyf. 2 (Llanymddyfri, 1855)
WILLIAMS, S. R.: *Oes y Byd i'r Iaith Gymraeg* (Caerdydd, 1992)
WILLIAMS, W. S. G: *Welsh National Music and Dance* (Llundain, 1933)
ZINGEL, H. J.: *Harp Music in the Nineteenth Century*. Cyfieithwyd a

golygwyd gan Mark Palkovic (Bloomington ac Indianapolis, 1992)

Cyfrolau o Gerddoriaeth

BENNETT, Nicholas: *Alawon Fy Ngwlad* (Y Drenewydd, 1896)
HEULYN, Meinir.(tr.): *Sain y Werin* (Pontypridd). Nodiadau ar yr Alawon, tt. 51-2, gan Phyllis Kinney.
HUWS, Llyfni: *Aelwyd y Delyn* (Abertawe, 1930)
PARRY, John: *The Welsh Harper* (Llundain, 1839 a 1848)
RICHARDS, Brinley.: *Songs of Wales* (Llundain, 1879)
ROBERTS, David: *Y Tant Aur* (Abermaw, 1911)
ROBERTS, Ellis: *Manual or Method of Instruction for playing the Welsh Harp* (1912)
WILLIAMS, M. Jane: *Ancient National Airs of Gwent and Morganwg* (Caerdydd, 1988) ffacsimile o gynhyrchiad 1844.

Pamffledi

'Rhif Wyth': Cymdeithas Ddawns Werin Cymru, 1981
'Llanover Welsh Reel': Cwmni Cyhoeddi Gwynn (Llangollen, 1944)
Cylchlythyron Cymdeithas Ddawns Werin Cymru, rhif 1-7 (1953-1959/60)
Dawns rhifynnau 1960-1, 1962-3, 1967-8 a rhifynnau 1984-8.

Erthyglau

Anhysbys: 'Cystadleuaeth y delyn Gymreig yn Llanofer' *Y Cerddor Cymreig* rhif 105, Tachwedd 1869, tt. 82-5
Anhysbys: 'Coleg Cerddorol Cymru' *Cerddor y Cymry* cyf. 1, rhif 6, 1883 (Llanelli) tt. 90-1
Anhysbys: 'Y delyn deir-res a'n telynorion Cymreig' *Cerddor y Cymry* cyf. 1, rhif 6, 1883 (Llanelli) t. 91
Anhysbys: 'Gruffydd Llanover' *Folk Harp Journal* rhif 14 Medi 1976, tt. 25-6
Anhysbys: 'The Vicar Prichard Festival at Llandovery', *The Welshman* (Caerfyrddin) Mai 31, 1872
Anhysbys: 'Welsh harpers' competition at Swansea last night' *The Cambrian* (Abertawe) Hydref 26, 1883, t. 8
Anhysbys: 'Welsh concert with competition of harpers of North and South Wales', *The Cambrian* (Abertawe) Hydref 2, 1885, t. 6
Anhysbys: 'Eisteddfod Gymreig y Cymry', *Baner ac Amserau Cymru*, Medi 8 1886, t. 11
Anhysbys: 'Eisteddfod Gymreig Caerwys', *Baner ac Amserau Cymru*, Medi 8 1886, tudalen flaen
Anhysbys: *Y Cerddor Cymreig* rhif 114, Awst 1, 1870, tt. 59-60
Anhysbys: John Parry (Bardd Alaw) – 1776-1851, a John Orlando Parry – 1810-1879 *Y Cerddor* Ionawr 1890, tt. 5-6

Anhysbys: 'Eisteddfod y Fenni' *Yr Haul* cyf. 10, rhif 125, Tachwedd 1845, tt. 365-7
Anhysbys: 'Llanover Cymreigyddion' *The Monmouthshire Merlin* (Casnewydd) Hydref 29, 1864, t. 5
Anhysbys: 'Ancient Welsh Music' *Cambrian Journal* 185?, tt. 156-9
Anhysbys: 'Mrs. Gruffydd-Richards (Pencerddes y De), Llanofer', *Y Gymraes* cyf 16, rhif 185, Chwefror 1912, tt. 17-19
ALLSOBROOK, D.: 'Liszt's Welsh Travelling-companion: John Orlando Parry (1809-1879)' *Welsh Music* cyf. 9, rhif 5, Gaeaf 1992/3, tt. 56-71.
BOWEN, R. H.: 'The Triple Harp' *Taplas* rhif 19, Gaeaf 1986-7, t. 17
BRACEY, M. L. V.: 'Dylanwad Augusta Arglwyddes Llanofer', *Llais y Delyn*, Haf 1972, tt. 8-11
DAVIES, S.: 'John Thomas (Pencerdd Gwalia)' *Y Cerddor*: Rhan I: Hydref 1916, t. 113; Rhan II: Rhagfyr 1916, tt. 131-2; Rhan III: Ionawr 1917, tt. 5-6; Rhan IV: Chwefror 1917, tt. 15-16
CADWGAN: 'Ymweliad â Llanover' *Y Frythones*, cyf. 9, rhif 8, Awst 1887, tt. 240-3
DWYRYD, E.: 'Atgofion am Hen Delynor' *Allwedd y Tannau* 1975, rhif 34 (Rhifyn Coffa Telynor Mawddwy) tt. 27-30
ELLIS, M.: 'Ifor Ceri a'r "Melus-Seiniau" ' *Welsh Music*: cyf. 5, rhif 9, Haf 1978, tt. 13-21; cyf. 5, rhif 10, Gaeaf 1978-79, tt. 42-8; cyf. 6, rhif 1, Gwanwyn 1979, tt. 42-8
ELLIS, M.: 'Thomas Price, Carnhuanawc', *Barn* Rhagfyr 1987, rhif 299, t. 477
ELLIS, M.: 'Thomas Price, Carnhuanawc' *Yr Haul a'r Gangell*, cyfres 1959, Gaeaf 1974, tt. 32-40
ELLIS, T.: 'Edward Jones, Bardd y Brenin' *Allwedd y Tannau* (1953) rhif 12, tt. 12-14
EVANS, D. E.: 'Brinley Richards – 1819-1885' *Y Cerddor*, cyf. 5 rhif 49, tt. 2-4
EVANS, D. E.: 'Miss Maria Jane Williams (Llinos), Aberpergwm', *Y Cerddor* 1891, cyf. 3, rhif 28, tt. 41-2
FRASER, M.: Deunaw erthygl yn y cyfrolau canlynol o *Cylchgrawn Llyfrgell Genedlaethol Cymru* (Aberystwyth):
Cyfrol XI: 'The Waddington's of Llanover 1791-1805' Rhif 4, Gaeaf 1960, tt. 285-329
Cyfrol XII: 'The Halls of Pembrokeshire, Ancestors of Benjamin Hall, Afterwards Lord Llanover of Llanover and Abercarn.' Rhif 1, Haf 1961, tt. 1-17
'Benjamin Hall's youth: 1802-1823', Rhif 3, Haf 1962, tt. 250-64
'The girlhood of Augusta Waddington (Afterwards Lady Llanover) – 1802-23', Rhif 4, Gaeaf 1962, tt. 305-22
Cyfrol XIII: 'Young Mr. and Mrs. Hall, 1823-30', Rhif 1, Haf 1963, tt. 29-47

'Benjamin and Augusta Hall, 1831-36', Rhif 3, Haf 1964, tt. 209-23
'Benjamin Hall, M.P. for Marylebone 1837-1839', Rhif 4 Gaeaf 1964, tt. 313-28
Cyfrol XIV: 'Sir Benjamin and Lady Hall in the 1840's. Part I: 1840-1845', Rhif 1, Haf 1965, tt. 35-52
'Sir Benjamin and Lady Hall in the 1840's. Part II: 1846-1849', Rhif 2, Gaeaf 1965, tt. 194-213
'Sir Benjamin and Lady Hall at home in the 1850's: Part I', Rhif 3, Haf 1966, tt. 285-300
'The Halls at home in the 1850's Part II', Rhif 4, Gaeaf 1966, tt. 437-50
Cyfrol XV: 'Sir Benjamin Hall in Parliament in the 1850's. Part I – 1850-1852' Rhif 1, Haf 1967, tt. 72-88
'Sir Benjamin Hall in Parliament in the 1850's. Part III – President of the Board of Health', Rhif 2, Gaeaf 1967, tt. 113-26
'Sir Benjamin Hall in Parliament in the 1850's. Part III – First Commissioner of Works', Rhif 3, Haf 1968, tt. 310-24
'Sir Benjamin Hall in Parliament in the 1850's. Part IV: First Commissioner of Works (continued)', Rhif 4, Gaeaf 1968, tt. 389-404
Cyfrol XVI: 'Sir Benjamin Hall is raised to the Peerage', Rhif I, Haf 1969, tt. 23-42
'Lord and Lady Llanover 1862-1863', Rhif 2, Gaeaf 1969, tt. 105-22
'Lord Llanover's last years 1864-1867', Rhif 3, Haf 1970, tt. 272-92
FRASER, M.: "The Prince of Orange visits Llanover', *Presenting Monmouthshire*, cyf. 13, tt. 39-45
FRASER, M.: 'Lord Llanover ('Big Ben') in London', *The Transactions of the Honourable Society of Cymmrodorion* (1964) tt. 69-92
FRASER, M.: 'Child Prodigies at Llanover', *Presenting Monmouthshire*, cyf. 16, tt. 30-5
FRASER, M.: 'Lady Llanover and her circle' *Trafodion Anrhydeddus Gymdeithas y Cymmrodorion* (1968) tt. 170-96
FRASER, M.: 'Nadolig yn Llys Llanofer' *Y Genhinen* cyf. 11 (1961) rhif 4
FRASER, M.: 'Lady Llanover and Lady Charlotte Guest' *The Anglo-Welsh Review*, cyf. 13, rhif 31, tt. 36-43
FYCHAN, E.: 'Y Sipsiwn a'r delyn' *Allwedd y Tannau* (1947), rhif 6, tt. 10-11
FYCHAN, E.: 'Nodion ar y Delyn', *Allwedd y Tannau* (1960), rhif 19, tt. 25-7
GOODWIN, G.: 'A Welsh Singer as Pioneer' *Western Mail* Dydd Gwener, Mawrth 25, 1927, t. 8
GWENT, G.: 'Y buddioldeb a ddeillia oddiwrth gadwedigaeth yr iaith Gymraeg, a dullwisgoedd Cymru' *Y Geninen* cyf. 8 (1890), tt. 68-71

GWILYM, I. ap: 'John Roberts, "Telynor Cymru" (1816-94)' *Welsh Music*, cyf. 5 rhif 1, Gaeaf 1975/76, tt. 34-41
GWYNDAF, R.: 'Teulu a Thelyn: Telynores Maldwyn, Dei Llwyn Cwpwl, Telynores Gwynedd a Phlas Llanofer.' *Allwedd y Tannau* (1977), rhif 36, tt. 51-79
GWYNIONYDD: 'Gruffydd y Telynor Cymreig, drwy benodiad neilltuol i'w uchelder breninol Tywysog Cymru' *Y Geninen*, cyf. 6 rhif 3, tt. 189-90
HEN, I.: 'Y Delyn Gymreig' *Y Cerddor Cymreig*, rhif 104, Hydref 1, 1869, tt. 75-6
HUWS, D.: 'Ancient National Airs of Gwent and Morganwg' *Welsh Music*, cyf. 4, rhif 5, Gaeaf 1973, tt. 93-107
HUWS, Ll.: 'Hen law ar "Gerdd Dant" ' *Y Cymro*, Gorffennaf 25, 1947, t. 4
JONES, J. G.: 'Cerdd a bonedd yng Nghymru' *Welsh Music*: cyf. 6, rhif 9, Gaeaf 1981-2, tt. 22-33; cyf. 7, rhif 1, Haf 1982, tt. 25-40; cyf. 7, rhif 3, Gwanwyn 1983, tt. 30-47
MORGAN, G.: Mr. David Roberts, Llys y Delyn, Abermaw. Cymeriad.' *Allwedd y Tannau* rhif 34, 1975 (Rhifyn Coffa Telynor Mawddwy) tt. 21-6
MORGAN, P.: 'From a Death to a View: The Hunt for the Welsh Past in the Romantic Period.' *The Invention of Tradition*, gol. E. Hobsbawn a T. Ranger (Caergrawnt 1983) tt. 43-100
PARRY, J.: 'An Essay on the Harp' *Transactions of the Cymmrodorion* cyf. 1 (1822) tt. 87-96
PRICE, Evan: 'Yr Anrhydeddus Mrs. Herbert', *Y Geninen*, Ceninen Gŵyl Dewi, Mawrth 1 (1915), cyf. 33, tt. 44-8
PRICE, Evan: 'Rhai o Hen Eisteddfodau'r Fenni' *Y Geninen* cyf. 31, rhif 2, Ebrill 1913, tt. 85-8
PUW, E. ac I.: 'D'ewyrth Dafydd – Y Telynor Dall' *Allwedd y Tannau*, Rhif 34 (1975) tt. 53-9
RAMAGE, H.: 'Gwenynen Gwent' *Barn*, rhif 156, Ionawr 1976, tt. 11-14
REES, W.: Gohebiaeth yn *The Carnarvon and Denbigh Herald* Ebrill 3, 1869, t. 2
RICHARDS, B.: Gohebiaeth yn *The Carnarvon and Denbigh Herald* Rhagfyr 11, 1869, t. 7
RIMMER, J.: 'Telynores Maldwyn: Nansi Richards (1888-1979)' *Welsh Music*, cyf. 6, rhif 10, Gwanwyn 1982, tt. 18-33
ROBERTS, E.: Gohebiaeth yn *The Carnarvon and Denbigh Herald*, Ebrill 3, 1869, t. 2
ROBERTS, G.: 'Nansi: Brenhines y delyn' *Barn*, rhif 206, Mawrth 1980 tt. 66-8
ROBERTS, J. H: 'Brinley Richards I' *Y Geninen*, cyf. 4, rhif 1, 1886, tt. 56-9; 'Brinley Richards II' *Y Geninen*, cyf. 4, rhif 4, 1886, tt. 277-81

ROBERTS, N.: 'Nansi'r llythyrwr' *Barn* Tachwedd 1990, rhif 334, tt. 15-18 a t. 31

TALDIR: 'Yng Nghastell Llanofer' *Baner ac Amserau Cymru* cyf. 104, rhif 35, Ebrill 23, 1947, t. 3

THOMAS, J.: 'The Harps and Harpers of Gwent and Morgannwg' *Cambrian Journal* cyf. 2, 1855, tt. 191-202

THOMAS, J.: 'Music and Musicians, as relating to Wales', *Transactions of the Liverpool Welsh National Society*, 1885-6, tt. 85-98

THOMAS, J.: 'Y Delyn a'r Eisteddfod' *Y Genhinen* cyf. 9, tt. 223-24

VAUGHAN, H. M: 'Augusta, Lady Llanover' *The Monmouthshire Review*, cyf. 2, tt. 10-17

WILLIAMS, E. B.: 'Arglwyddes Llanofer a cherddoriaeth Gymreig' *Welsh Music*, cyf. 8, Gwanwyn/Haf 1988, rhif 8, tt. 6-15

WILLIAMS, S.: 'Harp Music by John Thomas' llawes record, Meridian rhif E4577066

WILLIAMS, W. D.: 'Telynor Mawddwy: Cymydog' *Allwedd y Tannau*, (1975) rhif 34 (Rhifyn Coffa Telynor Mawddwy) tt. 9-14

WILLIAMS, W. D.: 'Teyrnged i'r Hen Delynor (Telynor Mawddwy) Abermaw – Y diweddar David Roberts' *Allwedd y Tannau* (1956), rhif 15, tt. 9-10

WILLIAMS, W. D: 'Yr Hen Delynor' *Allwedd y Tannau* (1975), rhif 34, (Rhifyn Coffa Telynor Mawddwy) tt. 31-52

Traethodau Ymchwil

GREGORY, Mair: 'Cymdeithas Cymreigyddion y Fenni...' Traethawd MA Prifysgol Cymru, 1949

JAMES, Allan: 'Astudiaeth o'r geiriau a genir ar alawon Gwent a Morgannwg', Traethawd MA Prifysgol Cymru, 1968

JOHN, W. G.: 'John Parry 1776-1851', Traethawd MA 1951 (Lerpwl)

JONES, J. E.: 'Maria Jane Williams a cherddoriaeth werin Gymreig', Traethawd MA Prifysgol Cymru, 1980

ROSSER, Ann: 'Hanes y Delyn yng Nghymru 1700 - 1900' Traethawd MA Prifysgol Cymru, 1979

Llawysgrifau

Prifysgol Cymru, Bangor:
Llsgr. 8159 'Hanes y Delyn yng Nghymru' (pennod 29)

Amgueddfa Werin Cymru:
Llsgr.: 784.5 p Ab 37 Rhaglenni Eisteddfodau Cymreigyddion y Fenni. 2448 – llyfr lloffion Miss Laura M. Jones. 1810/2-5, 2666/1-7, 3481/1-3, 50.350, 13.129, 53.122, 52.333, 57.522/2, 2651/1-2

Swyddfa Gofnodion Gwent:
Llsgr.: D.1210.822-7, D.1210.1508.4 a .11, D.1210.843-4, D.1210.818-820.2 a .6, D.1210.822.3, D.1210.824, D.1210.827, D.1210.494-5, D.1210.1511-2

Llyfrgell Casnewydd:
Cyfrifiadau 1851, Rîl 7 (Llanover Lower)

Llyfrgell Sir Caerdydd:
Llsgr.: 4.644-7, 1.694, 5.105, 4.717, 4.354, 3.771

Llyfrgell Genedlaethol Cymru:
'A Schedule of the Dolaucothi Correspondence' LLGC, cyf. 1 (Casglwyd gan M. Wynne Lloyd, 1980)
Llythyrau Dolaucothi: L9760-80, L2473, L2555, L2580, L6650, L6724, L10407-8, L6660, L6663
Dyddiaduron Aberpergwm: rhifau 1308-17
Llythyrau Aberpergwm: 30, 1257, 210-20, 270
Llythyrau Taliesin ab Iolo (rhifau 228-9, 238 a 264-7)
Casgliad Glansevern: llythyrau 3689-90, 1257
Casgliad R. W. Jones ('Erfyl Fychan') 1965
Llsgr. CB6 (llsgr. Maxwell Fraser)
Llsgr.: 15168D, 16075E, 1822D, 17728A, 17729-30B, 17731-32D, 17734E, 13185E, 1964-1966A, 8287-8D, 13182-3C, 12353D, 16343E, 17719B, 17717-8A, 1904B, 4507C, 7177D, 11585D, 1464D, 13958E, 9507E, 10324E, 13182E, 20054-5D

Amgueddfa'r Fenni:
Llsgr. A 9/62, A 11/70, A 3/77 (23; 27; 35; 46-9; 50-1; 78)

Deunydd ar Dâp
Folktracks, FSD-60-351 (Nansi Richards, 1975)

Tystiolaeth Lafar

Prys Morgan, Prifysgol Cymru, Abertawe
Ann Griffiths ac E. Lloyd Davies, Tre'r-gaer, Gwent
Ann Griffiths: darlith ar 'Y Delyn Deires Glasurol', Cwrs Coleg Telyn Bangor, Mawrth 28, 1994
Mrs D. Francis, Tre'r-gaer, Gwent